だいじを**ギュツ**と！
ケアマネ
実践力シリーズ

面接援助技術
対人援助の基本姿勢と18の技法

髙落敬子

中央法規

INTRODUCTION

はじめに

　今、この本を開いてくださったあなたは、もしかすると、ケアマネジメントを担当するのは初めてかもしれません。あるいは、経験はあるのだけれど、「なんだかうまくいかない」「もっとうまくいく方法があれば」と少し悩んでいるのかもしれません。この本はそんなあなたにうまく相談に乗るための「わかりやすいヒント」を示し、明日から頑張るための活力を与えられる本にしたいという思いでつくられました。

こんな自分でやっていけるのかな？

　私自身もそうでしたが、今、対人援助の仕事についている人は誰もが「これでいいのかな？」と悩み、利用者や家族との人間関係の構築に悩みながら、今現在に至っています。新人の時期は、新しいことや難しい仕事、困難な場面等に出会うたびに「こんな自分でやっていけるのかな？」と思うことでしょう。

　私が病院の相談員として働き始めたばかりの頃です。患者さんに簡単な社会資源を説明していると、「なぜこうなっているのか」「この場合はどうなるのか」と疑問が湧くたびに面接を中断して、何度も先輩のところに聞きに行きました。今思うと本当に頼りない対応をしていたものです。また、いつも一つひとつの案件を、医師に言えばいいのか、看護師長に言えばいいのか、事務長に言えばいいのかを迷い、どうすれば円滑に物事が進むのか悩んだことを覚えています。中堅になってからも、一生懸命にやったことが裏目に出たりすると、「もうどうしたらいいの、私だからこんなことになるのかな……」という思いでいっぱいになりました。でも、自分自身で

i

面接援助等の学習機会を積極的につくっていろんなことを勉強したり、「今日はダメでも、明日からやり直せばいい」と開き直ることで、その時は苦しいなりに、前を向いて歩くことができたのだと思います。

　対人援助職という仕事は、真摯に取り組む人ほど、ベテランになってからも、事例検討会や各種研修会に参加したり、スーパービジョンを受けるなど、学びを深めていくものです。もし、「こんな自分でやっていけるのかな？」と悩んだとしても、学び続けていく中で、その悩みが糧になる時がきっときます。だから、今日壁にぶつかっても、前向きにチャレンジし、貪欲に学んでいきましょう。

あなたなりの歩みを

　本書では、皆さんが感じている「相談に乗ることの難しさ」を少しでも解決し、面接援助技術を習得することで、相談者が自分自身の力で歩き始める姿に寄り添い、一緒に歩んでいけるのだということをお伝えします。それは、対人援助という仕事の醍醐味だと言えるでしょう。

　この本を開くたびに、明日からまた頑張ってみよう、小さなことだけどやってみようと思っていただけたら……、本書の内容が少しでもあなたの明日の面接の構想に役立てば……、そうした日々の営みがあなたを強くすることにつながれば……、そんな思いで本書を書き進めていきます。そして、書籍というツールではありますが、あなたなりの学びの歩みに寄り添っていきたいと思っています。

INTRODUCTION

　本書の出版にあたり、多くの方々にご協力をいただきました。この本を
よりよいものにするために文章と構成をより読みやすくなるようご配慮い
ただいた中央法規出版の中村強さん、実際の事例から面接援助を深めよう
と逐語録を共に検討し、事例を提供いただいた片山治子さん、三原由紀さ
ん、山本美貴さん、この方々がいなければ、この本は世に出ることはな
かったと思います。

　奥川幸子先生には、スーパービジョンを通してご指導いただき、その学
びはこの本の中に活きていると思います。また個人的に多くの励ましをい
ただきました。本当にありがとうございました。

　面接援助の基本である「聴かせていただく」姿勢と心をしっかりと教え
てくださったのは東京カウンセリング研修センターの故・岩下榮次先生で
した。今の私が対人援助の仕事をさせていただく基礎は岩下先生につくっ
ていただいたと言っても過言ではありません。

　そして何より、執筆の途中でくじけそうになる私を最後まで支え続けて
くれた夫、髙落伸に感謝を伝えたいと思います。合わせてここに書ききれ
なかった、日々多くのご指導・ご支援をいただいているすべての皆さまに
感謝申し上げます。

　最後になりますが、この本を手に取り、読んでいただいた読者の皆さん
に深くお礼を申し上げます。皆さんがこの本を活用し、相談にこられる
方々の人生に深く関わっていただき、日頃の実践のお役に立つことがあれ
ば著者としてこんなに嬉しいことはありません。

2017.11 髙落敬子

CONTENTS

はじめに i

第1章
相談に乗るということ

01 仕事として"相談に乗る"ということ 002
02 相談の構成要素 006
03 この人になら話してもいいと感じてもらう 010
04 相談に乗る上での"心のポイント"（価値） 014
05 相談に乗る前に整えよう「自分自身の整え」 016
06 "第1印象"をよくしよう！ 018
07 疑問❶「言葉遣いはどうすればよいか?」 022
08 疑問❷「何から話し始めればよいか?」 026
09 疑問❸「どこに座ればよいか?」 030

第2章
ケアマネジメントプロセスは面接次第

01 面接でケアマネジメントプロセスが決まる 034
02 インテーク―始まりの重要性― 038
03 アセスメント―ケアマネジメントの土台― 042
04 ケアプラン原案作成 046
05 サービス担当者会議―ファシリテーションの始まり― 050
06 モニタリング―改善していくために― 056
07 ケアマネジメントは誰のもの? 060
08 こんな時どうする?❶忙しそうな利用者に遠慮してしまう 064
09 こんな時どうする?❷家族内の問題だからと消極的になってしまう 068
10 こんな時どうする?❸サービスありきで進めてしまう 072
11 こんな時どうする?❹どこまでかかわるべきか迷ってしまう 076

第3章
面接援助技術の基本

01	ポジショニングの重要性	082
02	援助関係とは信頼関係	086
03	どんな面接にも「目的」を持って臨む	090
04	面接の対象者─誰と行うのか─	094
05	面接の構造	098
06	問題を見極める─何が起きているのか─	102
07	援助的コミュニケーション─解決主体と合意形成─	106
08	面接の各場面❶電話	110
09	面接の各場面❷来訪・訪問	114
10	時間のコントロール	118
11	早すぎる対応をしない	122

第4章
面接援助技術の技法

01	面接前の準備─事前情報の確認─	128
02	出会い（インテーク）の技術❶つかみ	130
03	出会い（インテーク）の技術❷発声	134
04	出会い（インテーク）の技術❸アイコンタクト	136
05	出会い（インテーク）の技術❹ペース合わせ─ペーシング─	138
06	面接の構造をつくる技術　共有する─始まりと終わり─	140
07	受け止める技術❶うなずきとあいづち	146
08	受け止める技術❷復唱する	150
09	受け止める技術❸言い換える	154
10	受け止める技術❹沈黙する	158
11	受け止める技術❺感情を受け止める	162

12 受け止める技術❻要約する …………………………………………… **166**

13 受け止める技術❼ねぎらう …………………………………………… **170**

14 質問する技術❶閉じられた質問・開かれた質問 ………………… **174**

15 質問する技術❷広げる質問・深める質問 ………………………… **178**

16 語る技術❶自分の言葉で伝える―私メッセージの活用― ………………… **182**

17 語る技術❷深く考え、気づきをもたらす ……………………… **186**

18 語る技術❸合意形成する …………………………………………… **190**

第 5 章
逐語で学ぶ面接援助技術

01 インテークにおける面接援助技術の展開 ―相談者の困りごとをしっかり聴けていますか― …… **196**

02 アセスメントにおける面接援助技術の展開 ―本人を全体的に理解できていますか― ………… **200**

03 サービス担当者会議における面接援助技術の展開 ―本人中心に合意形成できていますか― …… **209**

04 モニタリングにおける面接援助技術の展開 ―本人・家族の思いに添うPDCAになっていますか― …… **217**

著者紹介

タスにゃん
人を助(タス)けることに喜びを感じ
ネコ一倍仕事(タスク)に燃えるケアマネ5年目のネコちゃん。
肩にかけているタスキは使命感の象徴。
ツナ缶(マグロ)とレタスが大好物。

相談に乗る
ということ

1

CONTENTS

01 仕事として"相談に乗る"ということ

02 相談の構成要素

03 この人になら話してもいいと感じてもらう

04 相談に乗る上での"心のポイント"（価値）

05 相談に乗る前に整えよう「自分自身の整え」

06 "第1印象"をよくしよう！

07 疑問❶「言葉遣いはどうすればよいか?」

08 疑問❷「何から話し始めればよいか?」

09 疑問❸「どこに座ればよいか?」

01 仕事として"相談に乗る"ということ

POINT
誰もが「相談に乗る」経験を持っています。そうした経験と、仕事として「相談に乗る」ことの違いをわきまえましょう。

これまでの相談体験から考える

　例えば、進路の相談、恋愛の相談、仕事の相談など人生にはさまざまな局面で相談事が生じます。誰かに相談したり、誰かの相談に乗ることは、誰もが日常的に体験することでしょう。あなたも誰かの仕事の悩みの相談に乗ったり、誰かに恋愛など人間関係の悩みを相談したりといった体験が少なからずあると思います。そして、これからも、あなた自身が生きていく上で、さまざまな相談に乗り、あるいは、相談に乗ってもらう機会が間違いなく巡ってくることでしょう。

　では、人はなぜこんなにも"相談"をするのでしょうか？　それは、悩んだ時に誰かに聴いてほしい、この状況に適切な情報やアドバイスがほしい、決断するために選択肢がほしい、そっと背中を押してほしい、そういう思いがあるからですね。たとえ、相談した相手の対応が「自分の状況をわかってくれない」「相手の意見ばかり聞かされた」といった意に反するものであったとしても、その体験は、私たちがどのように相談に乗ればいいのかを教えてくれる貴重な体験です。「自分自身がどのように相談に乗ってほしかったのか」を教えてくれるからです。

　「もっとこういう風に相談に乗ってほしかった」という体験や、逆に「相談してよかった」と思える体験などを思い出しながら本書を読んでいただくと、より効果的です。あなたが仕事として相談に乗る上でも、かつての相談した側の体験が役立つことでしょう。

01 仕事として"相談に乗る"ということ

1 相談に乗るということ

専門職として「相談に乗る」ということ

　私たちは「相談する・相談に乗る」ことを体験しており、それは貴重な体験ではありますが、専門職として相談に乗り、その上で報酬を得るとなると、「相談に乗る」ことをもっと真剣に考えねばなりません。

どんな職業・領域であれ、専門職を名乗るのであれば、その道のプロフェッショナルとして人々に認識されます。プロフェッショナルは自分に任された仕事内容を見極め、どのようにすればその仕事が成就できるか、より精度を高めるにはどうするべきかを考えます。

　例えば、プロの料理人であれば、どの材料を使うかから始まり、調理工程の一つひとつ、加熱時間に至るまでを考え抜き、包丁の切れ味も含めて、より美味しい料理として仕上がるように精度をあげていくことでしょう。同じように、相談援助職を名乗るのであれば、相談援助とは何かを見極め、相談者にとってよりよい解決へと導いていけるように精度を高めていかなければならないのです。

　専門職として「相談に乗る」目的は、「問題を抱えた方自身がその困難性を解決できる」「その問題の解決に向けて自己決定し、自己選択ができる」ことを援助することです。そして、専門職として相談に乗る場面は、多くは「面接」の形をとります。つまり、どんな面接を行うかが、相談者のその後の人生にも大きな影響を及ぼすことになります。では、どのような面接を行えば、相談者にとって本当の意味での「援助」となり、相談の目的の達成につながるのでしょうか。

　実は、本当の「援助」に結びつく面接にするための技術があるのです。それが本書で解説する「面接援助技術」です（図表1-1）。いわば、「面接援助技術」は、相談の目的達成に至るための重要なツールであり、プロの相談援助職になるための必須技術なのです。

　本書では、こうした技術を学んでいきますが、これらの技術を使う、あるいは駆使するだけでは、本当に利用者にとって価値のある相談援助にはならないのです。あくまでも面接技術は技（スキル）に過ぎず、それを有効に扱うためには、面接の構成要素や背景、面接者の備えなどさまざまなことを知っておく必要があり、それらについて第1〜3章で解説していきます。

図表1-1　本書で解説する面接援助技術一覧

つかみ	発声	アイコンタクト	ペース合わせ
共有化	うなずき	あいづち	私メッセージ
復唱	言い換え	沈黙	受け止める
要約	ねぎらい	気づき	合意形成
閉じられた質問	開かれた質問	広げる質問	深める質問

01 仕事として"相談に乗る"ということ

- 仕事として「相談に乗る」ことは、相談援助のプロとして相談に乗るということです。プロであれば、その仕事の精度を高め続ける必要があります。
- 面接援助技術は相談援助のプロとして必須技術です。

まとめ

1

相談に乗るということ

相談援助職のプロの技　COLUMN

　面接援助技術は、料理人の「包丁さばき」や「調理技術」と一緒で、最初から上手くできるものではなく、修行を重ねることで研ぎ澄まされていくものです。相談援助職として、"よい仕事"をしようと思ったら、この面接援助技術を身につけて、さらに磨いていくことが求められます。私たちにとっての修行の場は1回1回のナマの面接の場面です。しかし、自分に自信がない時は、「技術がない」「能力がない」「集中力がない」など、ついできない気持ちが優先してしまい、緊張してしまうかもしれません。

　この段階において、最初にすべきことは援助の段取りを決めること、それを習慣にして行うことです。例えば、❶まず訪問した時に挨拶する⇒その時の話を受け止め、少し世間話をする⇒今日の訪問目的を伝える、❷面接の中で相手が話した時は、「こう思っておられたんですね」と確認を入れるなどといったような段取りです。この段取りをいつも行っていると習慣になっていくでしょう。では、その段取りをどのようにつくるのか。一つひとつの段取りの中にこの本に載っている面接援助技術を少しずつ入れていきましょう。明日には一つできるようになっていることが増えていく、そのようにして仕事の精度を高めていく、プロの技はこのような一つひとつの実践の具体化、習慣化に込められているのです。

005

02 相談の構成要素

POINT
我々が受ける「相談」の構成要素として「4つのP」を押さえておきましょう。

相談の構成要素

　相談とは、問題を抱えた人（相談者）が援助者に援助を求め、相談に乗る場で、問題解決への過程を共に歩んでいきます。アメリカの社会福祉家でケースワーカーであったパールマン（H.H.Perlman）は、ケースワークの核となる構成要素として4つのPを明らかにしました。すなわち、1．問題（Problem）、2．人（Person）、3．場所（Place）、4．過程（Process）です。ケースワークとはソーシャルワークにおける個別援助技術と訳されていますが、ここでは、この4つのPをケアマネジャーの相談援助にあてはめて捉えるとわかりやすくなり、また、確認事項も見えてきます。

❶相談に来る人（person）は問題（problem）を抱えている
❷ある場所（place）、例えば居宅介護支援事業所に相談をする
❸専門職が一定の過程（process）を共にして援助を行う

構成要素から面接のポイントを考える

　上記の構成要素から、面接の上で明らかにしておくべき点が見えてきます。
❶問題を見極める
　まず、「本人の抱えている問題は何か」「問題を抱えている人は誰なのか」を明らかにしましょう。表層的な訴えではなく、真の意味で問題が何かを見極め、誰

にとっての問題なのかをはっきりさせましょう。それが、問題解決の第一歩です。

❷この場所にその相談がもたらされた理由を明らかにする

「どこでこの事業所を知ったのか」「この場所への期待は何なのか」。そして、「この場所で問題を取り上げ続けるのかどうか」「その問題はこの場所で解決できる課題かどうか」を確認する必要があります。

❸過程（プロセス）を共にする

私たちは専門職として、相談者とその問題を考え続けるプロセスを共にします。4つのPの中でも特にこの「共に考える過程」が重要だと言われてきました。その理由は、専門職として相談に乗る援助者と相談者が話し合いながら歩んでいくプロセスがあってこそ、援助が進んでいくからです。もう少し言えば、過程そのものが援助者と相談者が共に行う一連の問題解決作業だからなのです。つまり、

この時にどのような面接がなされていくかが重要になります。

先日、居宅介護支援事業所のケアマネジャーから「認知症の人の困難事例が数多くあり、苦労している」と相談を受けました。この問題を突破（ブレイクスルー）するためには何が必要なのでしょうか。相談者もアセスメントの重要性に気づいており、アセスメントや見立て、ケースの整理の方法を教えてほしいとのこと。悩める相談者の気持ちは痛いほどわかるのですが、たとえ、その方法をいくら教えても、質問項目のマニュアルをつくったとしても、根本的な解決は難しいと言えます。やはりそこでは、人と人とのかかわりのプロセス、援助を共にしていくプロセス全体における面接援助の質が問われるのです。アセスメントの1場面や見立て方といったことも大切ですが、まずは援助を共にするプロセスを意識するところから始めないといけないのです。

4つのPの再確認

前述の構成要素からもう一度考えてみましょう。

1.問題（Problem）、2.人（Person）、3.場所（Place）、4.過程（Process）を意識的に捉えてみます（図表1-2）。

つまり、1.利用者の抱える"問題"をしっかり捉えられること、2.相談に来られたその"人"の立場に立った援助であること、またもう一人の"人"である、援助者自身の力量を上げること、3."場所"の設定としてどこで面接するか、座る位置はどうするかを意識的に設定すること、4.真の"援助"になる"過程"を共にすること、つまりその"過程"は意識的なものでなければなりません。

相談援助の専門職として、これらの精度を上げることが求められており、的確に進めていくために、面接援助技術の習得が求められているのです。

図表1-2 4つのPと援助者の関係

4つのP	援助者に求められる力
問題	問題を見極める力を持つ
人	利用者（人）本位の視点を持つ、援助者（人）の力量をアップする
場所	場を適切に設定する力を持つ
過程	意識的に援助の過程を共にできるようになる

02 相談の構成要素

まとめ
- 相談の構成要素には、問題を抱えた人、問題を話し合う場、援助者と相談者が相互交流しながら共に考える過程（プロセス）があります。
- 相談援助の専門職として、これらの精度を高めていきましょう。

1 相談に乗るということ

信頼できる援助者像に近づくために　COLUMN

　自分が援助を受けるならば、どんな援助者に出会いたいかを考えてみましょう。まずは、よく話を聴いてくれて、穏やかで優しそうで、それでいてしっかりと助言を述べ、約束を守り、こちらの立場に立って丁寧に援助を進めてくれる人……多くの人がこのような援助者を求めていることでしょう。

　とはいえ、自分が援助者の立場に立つとこんな完璧な人にはなれないと思うかもしれません。最初はこのようにできなくてもかまいません。それでもこうありたい援助者像に近づいていこうとすることが大切です。

①よく話を聴く…まずは利用者・家族の思いをよく聴こう
②穏やかで優しそう…そう見える態度や振る舞いを身につけよう
③しっかりと助言を述べる…さまざまな知識や情報を身につけよう
④約束を守る…約束したことは必ず遂行しよう

　こんなふうに意識していると、少しずつでも身についてくるものです。

　目標を大きなものから少し小さなものに変えてみましょう。小さな目標を少しずつ達成することで、信頼できる援助者像に近づいていきます。

03 この人になら話しても いいと感じてもらう

POINT
相談・問題の主役は一体誰でしょうか。
また、それを解決するのは誰なのでしょう。

相談の主体者は誰か

　相談では、相談に来られた人と問題を解決する過程(プロセス)を共にして、問題の解決に向かって歩み続けます。そのため、早い時期にその人との信頼関係を構築する必要があります。

　しかし、私たち相談に乗る側は、時として、相談に乗ることに慣れてしまったり、相談に来る人をパターン化して見てしまい、「この人はこんなタイプの人」と決めつけてしまうこともありがちです。さらにひどくなると、本当に悩んでいる人に寄り添うというよりも、「相談に来た人や当事者が問題なのだ」とレッテルを貼ってしまうこともよくあります。その場合、本人自身が解決に至るのを側面的に援助する援助者というよりも、援助者側がこの関係の上で問題解決の主体者となってしまいます。

　また、援助者側は"援助する側"というだけで、"援助される側"よりも優位に立ちがちです。自分が相談をする際、聞いてくれる人に権威を感じたり、自分自身が弱くなったように感じたりしたことはありませんか。あるいは援助者が自分に対して、「あなたはこんなところがあるからこうすべき」と言われると、その言葉に強制的な強さを感じてしまうことがあるかもしれません。

　専門職はその専門性と知識や技術、情報を持っています。ゆえに相談者よりすでに解決に至る情報を多く持っているのです。これを情報の非対称性と言います。その問題を解決するための情報量の差により、援助関係において、援助者、相談

者の双方が援助者に上位の感覚を持ってしまうことにつながるのです（図表1-3）。

　一体この問題を解決する人は誰なのでしょう。これまで述べてきた理由から、援助者側が解決するという感覚を持ってしまいがちです。けれども、人生におけるさまざまな問題を解決する、解決できる人は、その人生を歩むその人自身以外におられません。よく「その問題を解決できるからこそ、その問題を与えられたのだ」という言い方をする時もありますが、「解決する力をその人は持っているのだ」と援助者側が信頼することから、相談者は力を取り戻していくのです。

　相談関係において"問題の解決者は相談される専門職である"という認識を持ってしまいがちですが、"あくまで本人の人生の問題は本人が解決するし、本人にその力がある"ということを援助者側が信頼していることが大切です。実は信頼関係は、本人に問題を解決できる力が確かにあるという、援助者側の強い信頼から始まるものなのです。

図表1-3　問題を解決するのはどっち？

「ちゃんと聴いてもらっている」という実感が大切

　本人自身が主体者であり、本人が自ら問題を解決することが大切だとすれば、私たちはどのように本人と向き合えばよいのでしょうか。実は主体者は誰なのかを面接において考えることは非常に重要です。

　うまくいかない事例を相談されることがあります。その相談の中で、「こちらはこんなに言っているのに伝わらない」ということがよく話題として出てくるのですが、まるで「ちゃんと聴かない相手が悪い」と言っているようです。「相手は聴いてもらっていると感じているのかな?」と問いかけると、「ちゃんと聴いてあげていますよ」「こんなに聴いているのにうまくいかないんです」という話になることもよくあります。

　しかし、援助者側が「ちゃんと聴いてるよ」と思うところと、相談者が「聴いてもらえた」と感じるところは全く違う世界なのです。もう少し言えば、聴いている「私」と聴いてもらっている「あなた」とでは、主語が違うので、いくら「ちゃんと聴けている」と思っていても、本当のところはその人に「ちゃんとあなたのことを聴けていますか」と尋ねてみないとわからないことなのです。つまり、「ちゃんと聴けている」と思うこと自体が援助者側の思い込みにすぎない可能性があるのです。

　相談援助を円滑に進めるためには、相談者自身が、「ちゃんと聴いてもらっている」と感じられることが重要で、「聴いてもらっている」「この人になら相談していきたい」と感じられることによって、信頼関係が構築されていきます。

　相談者に「この人になら話してもいい」「この人に相談したい」と感じてもらえるような信頼関係をラポールと言いますが、では、どのような面接ができれば、この人は「ちゃんと聴いてもらっている」と感じられるのでしょうか。

　面接援助技術は、この親密な信頼関係（ラポール）を構築することを促進する技術でもあります。そのための具体的な手立てがあるのです。

　具体的には第4章で述べていきますが、問題解決に至る道のりにおいて、援助者が提供する面接援助技術はその解決への基盤をつくります。というのも、まず最初にこうした信頼関係を構築することがなければ、その人にとっての悩みどころや問題への考え、深い自己洞察や気づき、自己決定といった深みまでは語られない

のです。その人自身が安心して語りながら歩んでいくことができないからです。ですから、できれば、1回目（初回）の面接で信頼関係（ラポール）を構築し、「この人になら話してもいい」と感じてもらえることを目指しましょう。まず、最初にすべきことは信頼関係（ラポール）の構築なのです（図表1-4）。

図表1-4 ラポールの形成

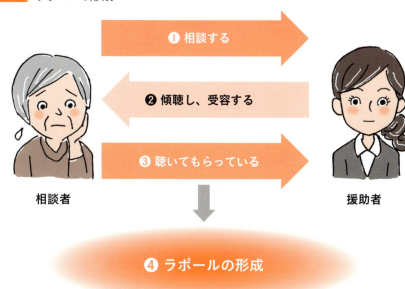

- 援助者のほうが情報を多く持っているため、優位に立ちがちですが、問題を解決する主体は相談者です。
- 相談者に「この人になら話してもいい」と感じてもらえないと相談援助は円滑に進みません。1回目（初回）の面接で、信頼関係を築く努力をしましょう。

04 相談に乗る上での"心のポイント"（価値）

> **POINT**
> 人は一人ひとりがかけがえのない存在です。
> 人への信頼が対人援助の土台にあります。

人は一人ひとりかけがえのない存在

　前項で、相談者の側が「ちゃんと聴いてもらっている」という状態になることから問題解決に向けての道のりがスタートするということをお伝えしました。このことを実践するために、援助者としてはどんな「心」でいればいいのでしょうか。実は、援助者として最も大切だと言われているのは、この「心」、つまり「価値」という援助者側の人間観、援助観なのです。

　ケアマネジメントは、ソーシャルワークの1領域として発展してきました。このソーシャルワークにおける「価値」とは、先人であるソーシャルワーカーの方々が人を援助する時に真に大切なことは何かを考え、育ててきた価値観と言えるでしょう。それは、どんな状況にあっても、人は一人ひとりかけがえのない存在であり、その人の声の重みはどんな状況や環境にあっても等しく大切なのだという深い人間観に裏打ちされています。

　私たち相談援助職はさまざまな状況の人に出会うでしょう。時には、自身の価値観とは全く相容れない生き方をしてきている人と出会うこともあるかもしれません。「この人とはウマが合わない」と感じたり、あるいは「勝手な生き方をしてきている」と許せなくなったりするかもしれません。他人は自分とは違う生きざまを経てきており、全く違う感じ方をするものです。

　私たちがどの人の声もその人自身のかけがえのない声なのだと大切に聴くことができること、そして、その人自身に対し真によい援助になっているかを振り返

るためにも、何度もこの「価値」に立ち戻る必要があるのです。

それぞれが個別の存在であるからこそ

　一人ひとりがかけがえのない存在であると同時に個別の存在でもあります。何もかも全く同じ人など一人としていません。つまり、どれだけ共感しようとも、相談者と全く同じ感じ方や見方をすることは不可能なのです。だからこそ、援助者は謙虚に相談者の話を聴く必要があります。安易に相談者のすべてを理解したかのように感じて、上から目線でサービスを当てはめるようなことがあってはいけないのです。

人は必ず自分でよい方向を目指して歩く

　また、人は、回り道や一旦休憩をとりながらも、その時々でその人なりの選択肢を選びながら、よりよい道を探って歩き続けるものです。一粒のひまわりの種が芽を出し、太陽に向かって伸びようとするように、どの人にも自分自身でよりよい方向に向かって伸びようとする性質が備わっているものなのです。実は、相談援助職にとって、そのような「人への信頼」という価値を持つことが、援助の土台にあります。

　援助がうまくいかなくなった時、どこかでこの「価値」を見直すことで、新たな展開が必ず見えてくることでしょう。

・人はみなかけがえのない存在です。状況や環境、生きざまや能力に関係なく、その人の声を大切に、謙虚に聴く姿勢を持ちましょう。

・「人への信頼」が相談援助職が持つべき援助の土台なのです。

\ まとめ /

05 相談に乗る前に整えよう「自分自身の整え」

> **POINT**
> 体調管理と感情コントロールを
> しっかりと行いましょう。
> 援助者側の心身の整えも重要です。

体調の大切さ

　認知症の方の相談に応じる際に、必ず確認するのが体調です。水分や食事がきちんと摂れており、排便が毎日スムーズに出ており、睡眠が十分に取れていること、もちろん活動量も確認します。これらの体調を整える要因が適切だと、BPSD（認知症の行動・心理症状）は起きにくくなります。つまり、体調を整えておくと、イライラや不安から起きる行動が起きにくくなるのです。これは、多くの示唆を含んでいます。私たちも睡眠不足や便秘が続くと、どこかイライラしたり、大事なことを思い出せなかったりすることはないでしょうか。

感情労働だからこそ体調を意識する

　相談に乗るという仕事は対人援助の仕事です。この対人援助の仕事は"感情労働"であると言われています。感情労働では、常に自分自身の感情をコントロールし、相手に合わせた言葉や態度で対応することが求められます。つまり、緊張していても一定の安定した態度を保持し、少々、嫌なことがあっても忍耐することが求められるのです。

　感情労働というと、旅客機の客室乗務員や看護、医療職などが代表格として浮かびますが、私たちの場合、目の前の人に対応するだけではなく、その人の悩みごとや課題に対応するという難しさを伴います。ケアマネジャーであれば、かか

わりの初めに、なぜ介護が必要になり、これからどうしたいのかを十分に聴き取っていく作業が求められます。またアセスメントの時には、質問によって問題を明確化する作業を、相手との協働作業で行います。こうした作業は、イライラしていたり、モヤモヤした状態で行っても効果的ではありません。プロとしてきちんと感情をコントロールしながら行わなければならないのです。そのためにも体調管理がとても重要なのです。

面接に取り組むにあたって、面接援助技術の具体的な方法に関心がいくかもしれませんが、その前段階の準備として体調を整えることは、面接に成功をもたらす重要なポイントなのです。三度の食事をしっかり摂る、睡眠を十分に取る、便秘にならないよう水分を摂り、活動量とのバランスを心がける。体調を管理し、生活リズムを整えることを常に心がけることから始めていきましょう。

先輩からのアドバイス

感情労働でストレスを溜めないために

いくら感情をコントロールできて仕事上の支障が出ていなかったとしても、心身に溜まったイライラやモヤモヤそのものが解消されたわけではありません。これらをきちんと解消することも重要です。

基本は気分転換を行い、こまめな休息を取ることですが、内面に溜まったイライラやモヤモヤを時には表現してみるのも1つの手段です。悲しい映画を見て涙を流す、コメディ映画を見て大笑いをする、心を許して話ができる相手に愚痴を聞いてもらう……。要はどんな感情であれ、素直に感じてそれを隠さずに出すことです。コントロールするばかりではなく、発散する場を持つことで、溜まったイライラやモヤモヤの解消につなげることができるのです。

06 "第1印象"をよくしよう!

POINT
第1印象も面接に影響を及ぼします。
第1印象を磨くために、無意識な行動を知り、
意識的な行動をつくりましょう!

人に与える第一印象

　人の第1印象は出会って3秒で決まると言われています。有名なメラビアンの法則（図表1-5）では、コミュニケーションを行う時の情報の半分以上は視覚の情報から得ていると言われています。確かに、人に「どんな人だった?」と第1印象を尋ねた時の「やさしそうな人だった」とか「どことなくだらしない印象だった」といった返事は、服装や髪型、佇まいや表情からの情報が大きいと考えられます。もちろん、言葉のトーンや話し方、話した内容からも影響を受けているはずですし、その第1印象だって会うことを重ねながら変化していくものでしょう。ですが、第1章03項で触れたとおり、最初の印象で「この人になら話してもいい」と感じてもらえれば、面接はスムーズに流れていきます。ですから、私たちは「面接援助技術」を考える際に、この第1印象を磨くことをもっと考えるべきなのです。

　人は、日頃どんな振る舞いや表情で他人と接しているか、なかなかわからないものです。自分を鏡で見た時の表情は、それを意識したものなので、日頃無意識の時に自分がどんな表情をしているかはわかりません。そのため、2つ心がけたいことがあります。1つ目は自分の無意識な行動を知ること、2つ目は、あえて意識した行動をつくることです。

06 "第1印象"をよくしよう!

1 相談に乗るということ

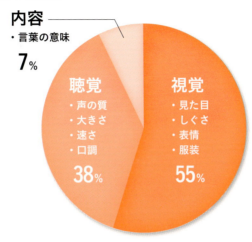

図表1-5　メラビアンの法則

内容
・言葉の意味
7%

聴覚
・声の質
・大きさ
・速さ
・口調
38%

視覚
・見た目
・しぐさ
・表情
・服装
55%

自分自身の無意識な行動を知る

「無くて七癖」ということわざがありますが、癖がないと思っている人でも無意識の癖を持っています。例えば、つい髪の毛をさわってしまう、ペンを指でまわしてしまう、足を組んでしまう、腕を組んでしまう……といったことはありませんか？　実はこのような行為が「あなたの話を聞きたくない」「不安がある」など、無意識に相手に対して防衛的になり、相手に不安を与える行動になってしまっているのです。まずは自分のそうした癖に気づいておきたいのですが、無意識の癖なので気づかないことも多々あるでしょう。ですから、親しい人に自分の癖に気づいたら指摘してもらうようにお願いしておくことも1つの手です。

　私自身、眉根にしわを寄せて話を聞く癖がありました。親しい人から何度かそのことを指摘され、相手の話を真剣に聞く時は眉根にしわを寄せて聞くものだ、という思い込みに気づいたことがあります。その気づき以後は眉根の緊張を解いて柔らかい表情をすることを心がけるようになりました。その後は、眉根のしわを指摘されることは少なくなり、話しやすい雰囲気があると人から言ってもらえることが多くなりました。

　このように、まずは、自分自身の癖、無意識な行動に気づくことから始めま

しょう。先述したように親しい人にモニターをお願いしてもよいかもしれません。癖や行動に気づくと自分自身で意識し始めます。そのことで自分がどんな時にその行動を取るのかを考えたり、また気づいた時点でその行動をやめるなど、無意識にしていた行動をコントロールできるようになるのです。そのプロセスによって、無意識にしていたその癖や行動を改善できるようになっていきます。

意識して変える—服装や髪型を意識する

　私たちが無意識に取っている行動はそんなに簡単には直せませんが、意識して変えられることはたくさんあります。例えば、服装や髪型を清潔に保つことはすぐにでもできるでしょう。

　利用者を訪問した際、朝、バタバタしていたために髪がボサボサだったり、靴下に穴があいていたり、書類を指で指し示した時に爪が汚れていたり、伸びていたりするようなことはないでしょうか。膝の部分が破れたジーパンで自宅を訪問したり、下を向くと長い髪がファイルにバサっとかかったりするようなことはないとは思いますが、利用者が不愉快に感じるような行動は避けないといけません。

　私が一緒に働いた訪問看護師は、服装をさっぱりとこぎれいにするだけではなく、訪問する際の自転車の手入れもしてあり、濡れたレインコートを入れるものもきちんと用意していました。寒い冬の日でも必ず自宅に入る前にコートを脱ぎ、身だしなみを整えてから入っていました。

　そのことから、清潔さや人柄は誰も見ていない訪問前の準備や行為からも感じさせるものなのだということを学びました。まずは、訪問しても恥ずかしくない服装や立ち居振る舞いを心がけたいものです。

意識して表情をつくる

　表情を意識的につくるというと、わざとらしいと思うかもしれません。誤解を恐れずに言うならば、「わざと」表情をつくりながら、わざと「自然に」なるまで高めたいものです。

　例えば、職場の接遇研修で「笑顔が大切」と学んでいる方も多いと思います。頭

06 "第1印象"をよくしよう！

1 相談に乗るということ

で学ぶだけではなく、しっかり笑顔が身につくように振る舞いたいものです。そしてその笑顔も見ていて気持ちよい笑顔でありたいと思います。そのために、ここで役立つのが鏡です。鏡の前でいろんな笑顔をつくってみましょう。どの笑顔が好感を持てますか？　その笑顔をつくった際の顔の感じも意識してみましょう。

また、相手に向き合う時の目線も受容的で柔らかくなるように心がけます。できれば、相手を柔らかく見つめながら、「そうなのですね。どうぞ続けてお話しください」という気持ちが伝わるように目に思いを込めて向き合いたいものです。「柔らかさ」や「さりげなさ」は一朝一夕にできるものではありません。私たちの日々の暮らし方や心の余裕にも関係します。まずは、自分の暮らし方や心にゆとりが持てるようにしたいものです。ですが、そうであってもなくても、専門職として日頃から自分の振る舞いを意識してみることも有効な方法です。意識して表情をつくってみましょう。

無意識の行動を知ること、
改めるきっかけをつくること、
意識して行動を変えていきましょう。

07 疑問❶「言葉遣いはどうすればよいか?」

POINT
言葉遣いをどうするか迷ってしまう場面もあるでしょう。
最低限守るべき基本を押さえておきましょう。

　デイサービスや施設で働いたことがある人は、職場で1回はこの"言葉遣い"という問題に出会っていることでしょう。「目上の人に対応するので敬語を使うべきではないか」「なじみの関係なのだから、くだけた言葉遣いのほうが親しみがあってよいのではないか」、といった具合にこの議論は終わることがありません。なぜかといえば、人間関係は固定的なものではないからです。新しい職場に入った時、最初は敬語で接していてもだんだんと関係が深まるにつれ、くだけた言葉遣いになることもあるでしょう。ただし、そうした関係の中においても、きちんと礼を尽くした言葉遣いをしている人もおられます。

言葉遣いは人間関係を表現し、仕事を円滑にする

　実はこの言葉遣いは、社会の中で人間関係を築き、仕事を円滑に進める上では、とても重要なものです。言葉遣いを臨機応変に使うことで、その人の社会性の高さが感じられ、その人の持つ人間関係が見えることがあります。世代間の言葉の使い方の違いも感じられることでしょう。

　特に若い世代の人の言葉は、ある年齢以上の人には違和感を感じさせることがあります。例えば、"テンパる"という言葉をご存知でしょうか。私自身も初めて"テンパる"という言葉を聞いた時、どういう意味かわかりませんでした。これは、麻雀用語の「聴牌」から派生した俗語で、若い人は「緊張したよ」とか「とても余裕がなくなった」などの意味で使用している言葉なのですが、どの世代で

も使う言葉ではなく、もちろん仕事の場で使う言葉ではありません。しかし、日常会話でこの言葉を使っていると、「それはとてもテンパったでしょうね（緊張したでしょうね）」と、無意識に使ったりしてしまうものなのです。

つまり、仕事としての言葉遣いにおいても、「意識すること」が大切になるのです。まずは仕事の場での言葉遣いをきちんと使えるようになりましょう。

仕事の場では控えたい言葉遣いの例を図表1-6にまとめていますので、参考にしてください。

図表1-6 仕事の場では控えたい言葉遣い

イケてますね	⇒	魅力的ですね
イケメンですね	⇒	かっこいいですね
テンパってます	⇒	緊張しています
うざい	⇒	うっとおしい、わずらわしい
すべる	⇒	試験に落ちる、笑わせようとして失敗する
KY	⇒	空気が読めない
ドン引き	⇒	しらける
はずい	⇒	恥ずかしい
なにげに	⇒	なにげなく、なんとなく

まずは丁寧な言葉遣いを意識する

　面接は初対面から始まります。ここでは、丁寧な言葉遣い（尊敬語や謙譲語）を使えることが基本のキとなります。最低限、図表1-7の4つの言葉は自然と使えるようにしましょう。

　例えば、「時間をとってもらってすみません」という話し方は普通に通じる言葉のようですが、これを、きちんとした言葉遣いにすると、「時間をとっていただいて、ありがとうございました」になります。また、「その時はどうしたのですか」は「その時はどうなさったのですか」になるのです。図表1-7の言葉以外にも、丁寧な言葉遣いがあります（図表1-8）。

　ケアマネジャーは利用者やサービス事業者だけでなく、サービス担当者会議や地域ケア会議などに参加するさまざまな人とコミュニケーションを取ります。相手が誰であれ、まず「この人は大丈夫。きちんとしている」と感じてもらえるような丁寧な言葉遣いをすることを心がけましょう。

図表1-7 仕事上変化させたい4つの言葉

すみません	⇒	ありがとうございます
もらう	⇒	いただく
言う	⇒	おっしゃる
する	⇒	なさる

図表1-8 丁寧な言葉遣いの例

ダメな例	よい例	注意
「ご苦労様です」	「おつかれさまでした」あるいは、「……していただいて、ありがとうございました」など。	ご苦労様は目上の人から目下の人に使う言葉です。
「全然（全く）、大丈夫です」	「全然（全く）、心配ありません」	通常、全然（全く）＋否定形で使います。しかし、俗語表現として市民権を得ていますので、ダメな例の言い方も使わなくはありません。
「わたし的にはこちらのほうをおすすめしたいのですが」	「わたくしとしては、こちらのほうをおすすめしたいのですが」	「わたし的」など「〇〇的」という言い方は若者言葉に近いため、年配の方にはあまりよい印象を与えないでしょう。

07 疑問❶「言葉遣いはどうすればよいか?」

> **まとめ**
> - 言葉遣いは「意識すること」が大切です。
> - 利用者や家族だけでなく、サービス事業者や医療職などの多職種、同僚などすべての人に対して、丁寧な言葉遣いを意識しましょう!

1 相談に乗るということ

専門職の言葉　COLUMN

「アセスメント」や「ケアプラン」はケアマネジャーにとっては、慣れ親しんだ一般的な言葉でしょう。しかし、初めて聞く利用者や家族にはわかりにくい言葉です。専門職の研修でも、「カタカナ言葉はやめてほしい」という要望が出るくらいですから、高齢期にある方々には私たちの言葉は慣れない言葉と思って留意する必要があります。もし、カタカナ言葉を使う際には、その言葉の説明をしてから使う、あるいは紙に書き出して説明するなどをしてから、その言葉を使うなどの配慮は最低限必要でしょう。事業所内でも「アセスメント」を日本語ではどのように説明しているかなどを話し合っておくのもいいかもしれません。また一度説明すれば次回からはわかっているものと思わずに、毎回説明して伝える配慮を怠らないようにしましょう。わからなくても「わからない」と言って言葉を遮ることを遠慮される場合も多く見受けられます。共有を図る上では、私たち専門職が相手の立場に立っての説明を心がける、このことで信頼関係や共有感が深まっていくのです。

　よりよい援助の前提として、適切な言葉の使い方や説明などにも心がけていきたいものです。

08 | 疑問❷「何から話し始めればよいか?」

> **POINT**
> 話しやすい雰囲気をつくることが大切です。
> 柔らかい笑顔と落ち着いた雰囲気を!

　話し始めは、まさにコミュニケーションが始まる瞬間です。お互いに緊張しているでしょうし、「相手はどんな人なのだろう」と不安な思いでいる相談者もいるでしょう。できるだけ相手がリラックスできることを心がけて、こちらから話しやすい雰囲気をつくっていきます。

落ち着いた雰囲気で相手をねぎらう

　相手が明確なニーズを持っている場合は、優しい口調で「どういったことでしょうか?」「どうなさったのですか?」と話し始めてもよいでしょう。相手はスッと話し始めることができます。

　初めてアセスメントをする際の訪問等では、時間をとっていただいたことに感謝する会話から始めることが多いかもしれません。

　まずは、柔らかい笑顔と落ち着いた雰囲気を醸し出しながら、相手へのねぎらいや自己紹介を行います。内面はどんなに緊張していても、こちらは専門職として振る舞うと決めて、ゆったりとした行動を心がけてみましょう。

　具体的には、(訪問してもらった場合)「今日は雨で足下の悪いところをお越しいただいてありがとうございました」というねぎらいや「ここまでどのようにして来られましたか」などと道のりを聞いたり、「今日の予定は大丈夫だったでしょうか」といったことを最初に話すこともよくあります。そして、今日時間をつくっていただいたことに感謝を伝えていきます(170ページ参照)。

08 疑問❷「何から話し始めればよいか?」

自己紹介と名刺の役割

　自己紹介をする時は、改めて「〇〇ケアプランセンターでケアマネジャーをしております□□と申します」と名乗ります。先に電話で話していたことがあれば、「先日はお電話で失礼いたしました」などと言葉を添えるのもよいでしょう。この時に、名刺を渡すことが多いので、名刺の渡し方なども習得しておきましょう（図表1-9）。

　また、名刺を渡す意味ですが、最初にお会いする時に渡す名刺には、自分がどこの何者かという「身分」や「氏名」を相手に的確に伝える効能があります。名刺を渡すことで、責任の所在や機関に所属する者という立場をはっきりさせることになり、相談者の安心につながります。この時、きちんと自分の立場や名前を相手の印象に残るように伝えましょう。

　例えば、印刷された名刺が、相手にとって読みやすい大きさや書体なのか、肩書き等でゴチャゴチャしていないかなども一考すべきところです。また、なかなか読めない名前や珍しい名前などは、漢字の説明などを添えたりしてお話しすることで、打ち解けやすくなることもあるでしょう。

　いずれにしても、名刺を渡す際にも、相手の立場に立って、伝わるようにお渡ししましょう。この一つひとつの所作もまた面接を通しての援助につながっていきます。

図表1-9 名刺の渡し方の基本

❶	名刺入れから名刺を取り出し、腰より高い位置に両手で持つ
❷	組織名、氏名を名乗る 「はじめまして。〇〇事業所の□□と申します」
❸	名刺を相手の取りやすい位置に、右手または両手で差し出す。一般的には相手の胸の位置が最適
❹	「どうぞよろしくお願いします」などと挨拶をしながら渡す

今日の目的を伝える

　自己紹介後に「今日は△△をさせていただきたいと思いますが、よろしいでしょうか」と「今日の目的」を伝えます。例えば、「今回担当させていただく上で、Aさんのことをより理解して計画をたてさせていただきたいと思っております」

1

相談に乗るということ

027

「デイサービスやヘルパーさんの利用も始まりましたので、デイサービスへ行ってみての感想などを聞かせていただけますか」など、ケアマネジメントプロセスにおける各々の状況で目的は変わると思います。今日はなんのためにここへ来たのか、その目的を本人、家族と共有するのです（140ページ参照）。

相手の雰囲気や状況を感じ取りながら面接を行う

前述のとおり、話し始めにはねぎらいや感謝、自己紹介および今日の目的を伝えていくのですが、お会いする人やそのタイミングによって、全く雰囲気や状況が異なることがあります。そのタイミングでない時は、お話しすべきことが決

雰囲気や状況を感じ取りながら……

08 疑問❷「何から話し始めればよいか?」

1 相談に乗るということ

まっていても急がずに、まずはその時の相手の表情を見て、「最近の体調はいかがですか」などと少し別の話題を向けてみるとよいでしょう。

Aさんという援助者と一緒に訪問した時のことです。Aさんは、本人になんとしてもサービス利用をしてもらいたいという思いで訪問したために、いきなり本題について切り出してしまいました。すると本人は頑(かたく)なにサービスの利用を拒否されました。そこで、「最近の調子はどうですか」と柔らかい雰囲気を心がけて声をかけてみました。すると、最近の自分の話が始まり、心配事にまで話が及んだのでした。私たちもその方の気持ちを理解し始めた時、本人のほうから「やっぱり自分でできないところだけは手伝ってもらおうかな」と話されたのです。

このように、訪問時の本人の様子や表情から察したり、本人の最近の様子などをお聴きすることで、今のその人を感じ取ることがとても重要です。その上でお話すべき事柄の伝える順番や言葉そのものを選んでいくことが重要になるのです。

大事を
ギュッと!

先輩からのアドバイス

話題の切り出し方

以前、ある利用者さん宅に訪問した時に、そのお宅のお庭があんまり素敵だったものですから、思わず「素敵なお庭ですね」と伝えたところ、利用者さんから「特別に植木屋さんに依頼した京庭で、今も自分で庭を見て過ごすのが楽しみなんです」と教えていただきました。

また、別の利用者さんのお宅の玄関に飾ってあった絵がとてもよい雰囲気でしたので「とてもよい絵ですね。どなたが描かれたのですか?」と伺(うかが)ったところ「絵は亡き夫が描いたものです。賞をとるほど評価されていたんですよ」と誇らしそうに仰られました。

このようなちょっとした話題から、スムーズにその日話すべき話題へと転じていきました。利用者さんのお宅にあるちょっとしたことやものに目を向ける観察力があれば、意外と切り出し方に困らないものです。家の様子や印象に残るよい点から最初の切り口にしてみるのもよいでしょう。

また、こうした観察は、その人の趣味や持っている力を知るためにも大切です。

029

09 疑問❸ 「どこに座ればよいか？」

> **POINT**
> 誰のための面接か、なんのための面接か
> で位置取りを考えましょう。

本人を中心に座る位置を考える

　面接において「どこに座るか」は、面接の展開に大きな影響を与えます。例えば、本人と長女さんとお会いする場合、話をするのは長女さんが中心になるだろうと考え、長女さんとだけ話す位置取りをしてしまうと、「誰のための面接」かがわかりにくくなります。基本的には、本人を中心に面談することを心がけ、本人と一緒に家族も話せるように位置取ります。どうしても長女さんとだけ話す場合には、「長女さんから、長女さんの生活のことなどをお聞きしてもよいですか」と先に本人に話すと、「どうぞどうぞ」と話しやすいように席をゆずってくださることも少なくありません。あるいは、本人の前で話せないことは別に家族とだけ話す場面をつくる配慮も必要です。「ケアプランが本人主体ではなく家族主体となっているのではないか」という批判を聞くことがあります。その姿勢はどこに座るかによっても現れてきているのかもしれません。

☆本人の横に座り、本人と関係をしっかりつくる！

話しやすくなる位置を考える

　一般的に面接する時は、相手に自由に話してもらうために、相手が目線を自由にできる位置に座ってもらうことを意識します。例えば、相手と向かい合わないで、ちょうど90度の位置に座るようにします。

　これは相手が自由に話しやすいようにするためですが、ケアマネジメントの面談では、向かい合って座ることも多いでしょう。そんな時はほんの少し椅子を横にずらし、お互いの目がしっかり合ってしまわないように、配慮してもよいでしょう。

　どこに座るかという位置取りを意識することが面接を円滑にすることに役立ちます。意識して座る位置を考えていきましょう。

　また、思い通りの位置取りができない場合は、こちらの身体の向きや目配りの仕方によって、臨機応変に工夫・調整してみましょう。

・座る位置は、まず本人を中心に考えます。
・さらに話しやすさや話す相手を考慮して座る位置を決めましょう。

サービス担当者会議の位置取り　　COLUMN

　サービス担当者会議は多くの人数が参加するため、位置取りによっては当日の進行にも影響します。誰が主人公で、誰がキーパーソンなのか、誰が会議を進行する人なのかなどを理解して、どこに座るかを決めましょう。

　ある時、地域包括支援センターの職員、ケアマネジャー、デイサービスの相談員、ヘルパー、本人、夫、長女が参加するサービス担当者会議に同席したところ、ケアマネジャーが遠慮深く角に座ったばかりに、遠くの人の声が聞こえないなどもあり、運営がわかりにくくなったことがあります。結局、真ん中に座った地域包括支援センターの職員が会議を進めてしまい、ケアマネジャーの内心や面目はどうだったのか気になった場面がありました。ケアマネジャーとして会議を進行する立ち位置の場合は遠慮せず、真ん中の席で全体に配慮して進行しましょう。

　また、可能であれば利用者本人に中心に座ってもらうことで、今日の会議は誰が主人公の会議なのかを皆で感じ取ることができるでしょう。このようなことから、誰を大事にする援助なのかを伝えていきましょう。

ケアマネジメント
プロセスは面接次第

2

CONTENTS

01 面接でケアマネジメントプロセスが決まる

02 インテーク―始まりの重要性―

03 アセスメント―ケアマネジメントの土台―

04 ケアプラン原案作成

05 サービス担当者会議―ファシリテーションの始まり―

06 モニタリング―改善していくために―

07 ケアマネジメントは誰のもの?

08 こんな時どうする? ❶忙しそうな利用者に遠慮してしまう

09 こんな時どうする? ❷家族内の問題だからと消極的になってしまう

10 こんな時どうする? ❸サービスありきで進めてしまう

11 こんな時どうする? ❹どこまでかかわるべきか迷ってしまう

01 | 面接でケアマネジメントプロセスが決まる

POINT
ケアマネジメントの目的とはなんでしょうか？
ここでは、ケアをマネジメントすることについて、
基本的な理解を深めましょう。

よりよい人生を支えるマネジメント

　私たちケアマネジャーは、ケアマネジメントを行うことを生業(なりわい)としています。介護保険サービスやインフォーマルサポートも含め、その人に関するケアを「マネジメント」する仕事ゆえに、ケアマネジャーと呼ばれています。では、この「マネジメント」とはいったい何をすることなのか、ケアマネジャーとして、私たちは認識できているのでしょうか。

　マネジメントとは、「ある目的のために、さまざまな資源を管理することで、その効果を最大限に実現化させる手法」のことです。では、ケアマネジメントにおいての「ある目的のため」とは、どんな目的に向かう手法なのでしょう。

　ケアマネジメントが目指すところは、利用者本人のよりよい暮らしであり、よりよい人生です。介護保険制度では、基本的理念として、「自立支援」[注]を掲げています。私たちケアマネジャーは、介護保険法に法的根拠を位置づけられているので、「自立」を支援するために働くことになります。

　では、「自立」とはなんなのでしょうか。「自立」とは、「なんでも自分でできて人の支援を受けないこと」とすれば、私たち人間はお互いに助け合って生活が成り立っていますので、自立はありえないことになります。また、なんらかの障害を持つために暮らしにくさを持った人は自立ができないことになってしまいます。

注　介護保険法の第1条（目的）：「尊厳を保持し、その有する能力に応じ自立した日常生活を営むことができるよう」と記載。

01 面接でケアマネジメントプロセスが決まる

図表2-1　PDCAサイクルとケアマネジメントプロセス

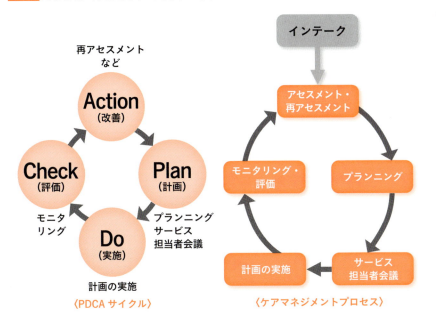

　自立とは、「自分で決定し、自分で人生を創り上げていくプロセス」なのです。つまり、自立とは、誰もが持っている「権利」なのです。
　自立とは、他者がその人に「自立を強要する」ものでもなく、他者を「自立させる」ものでもなければ、「自立した姿はこうあるべき」という固定的なものでもありません。本人が「どのような暮らしを送りたいのか」という本人の意思によって成り立つ、とても主観的で流動的なものなのです。
　つまり、ケアマネジメントとは、「本人が自分で決定し、人生を創り上げていくプロセスを支援し、本人のよりよい人生を目指して、さまざまな資源を管理することで、その効果を最大限に実現化させていく営みである」と言えるでしょう。
　「自立」は自分で決定し、よりよい人生を創りあげていくプロセスなので、本人自身の意思を大切にできるかどうかが鍵です。すなわち、本人のよりよい暮らしや人生への思いを聴いてくれるかかわりが重要になってきます。それを受け止め、一緒に整理するのが、本人のケアプランを共につくるケアマネジャーの役割です。
　本人の声を大切にケアマネジメントプロセスが進んでいきます。さまざまな場

面において、「自分を語る相談者・自分で決定していく相談者」と「話を聴き、共に整理する援助職者」という関係性が信頼関係を伴って続いていきます。この関係性を本人との間に築いていくために面接援助技術を学ぶ必要があるのです。

ケアマネジメントプロセスと面接

❶PDCAサイクル

目的が明確であっても、それを現実のものにするための仕組みがないと実現できません。そこで「PDCAサイクル」という仕組みを活用します。PDCAサイクルではPlan（計画）→Do（実施）→Check（評価）→Action（改善）の4つを繰り返すことで、マネジメントプロセスを円滑に遂行していきます。

ケアマネジメントに置き換えると、❶インテーク→❷アセスメント→❸サービス担当者会議→❹ケアプラン作成→❺計画の実施→❻モニタリング→❼再アセスメント、という一連のケアマネジメントプロセスがそのままPDCAサイクルということになります（図表2-1）。

❷ケアマネジメントプロセス

ケアマネジメントという援助関係は、本人や家族、地域包括支援センターといった機関等からの相談から始まります。

①まず、本人はこの事業所にケアプランを依頼するのか、事業所は本人への援助を行うのか、つまり援助を開始するのかを決定します（❶インテーク）。

②そして、ケアマネジメントを行う契約を行います。契約開始となれば、ケアマネジメントの最初の段階であるアセスメントを行います。

③アセスメントでは、情報を収集し何が起きているのかを見立てていきます。援助の方向性を打ち出す土台となる段階です（❷アセスメント）。そのためにも、利用者・家族と面接を行い、状況の把握や課題を共有し、今後の方向性を検討します。

④検討された方向性を実現するために、ケアプラン原案を作成し、利用者・家族、サービス事業者とで話し合いを行います（❸サービス担当者会議）。ここでは、実際に利用者や家族、各サービスの動きが現実的に可能なのか、各自の援助

01 面接でケアマネジメントプロセスが決まる

が今の課題解決への助けになっているのかなどを検討します。
⑤その結果として、ケアプラン作成を行い、具体的に長期的な目標・短期的な目標を達成できるための計画をつくります（❹ケアプラン作成）。
⑥計画に基づき、実際に援助が実施されます（❺計画の実施）。
⑦その後、その目標が少しずつであっても達成されているのかどうか、修正点はないかなどの評価（❻モニタリング）を行います。
⑧必要に応じて再度アセスメントを行い（❼再アセスメント）、修正したプランを立て、再度実行していきます。

　このようなプロセスを繰り返して、改善を試みていきます。このプロセスをケアマネジメントプロセスと言います。このケアマネジメントプロセスの各段階の内容と面接援助技術は後の項目に載せていますので参照してください。

❸面接で決まるプロセス

　ケアマネジメントプロセスが有効に機能すると、ケアマネジメントの目的は確実に達成されていきます。ケアマネジメントプロセスが有効に機能するために、プロセスのどの段階においても必要なのは、「話を聴く」姿勢です。インテークやアセスメントという面接場面はもちろんのこと、サービス担当者会議では多職種のコーディネーターとして参加者の意見への傾聴が求められます。ケアプラン作成では事業所との交渉を行います。また、「このプランでいきましょう」という利用者との合意形成が求められます。モニタリングや再アセスメントでも利用者本人・家族・医師・サービス事業者など各々の関係者の話を聴くことが肝心です。つまり、それぞれの面接を有効に行うことができるかどうかが、ケアマネジメントプロセスの質を決めるといっても過言ではないのです。本章では、各プロセスにおいて面接をどのように展開するのかについて解説していきます。

> **まとめ**
> ケアマネジメントプロセスの各場面で有効な面接を行うことがケアマネジメントの質を高めます。

2 ケアマネジメントプロセスは面接次第

037

02 インテーク
―始まりの重要性―

POINT
インテークはケアマネジメントの「入り口」です。ここで援助関係における信頼の土台をつくりこれからの援助を共有しましょう。

インテークは相談援助の入り口

「介護保険を利用したいのですが……」という家族からの電話、「ケアプランをお願いしたいのですが……」という地域包括支援センターからの依頼など、さまざまな形で事業所に相談が入ってきます。

　この最初の出会いの面接をインテークと言います。インテークは援助関係を結ぶ始まりであり、今後の援助を左右する、とても重要な面接です。それは、電話の時もあれば、来所してのこともあるでしょう。その形式はさまざまです。

　インテークは「受け入れ」という意味を表し、相談援助のいわば「入り口」としての機能を持っています。入り口であり、お互いに初対面ですから、双方に緊張感が生じていることが多いでしょう。この場面では、今後、一緒に「考えていく・援助していく」という援助関係になるかどうかを決定することになります。

　インテークは一番難しいと言われています。それは相手がどんな人かわからない、どんな課題を抱えているかもわからない、どんな心理状況かもわからない、そんな状況で、相手の言い分を受け止め、問題を整理し、受理するかどうかを決め、必要によっては関係機関を紹介しなければならないからです（図表2-2）。

　インテーク時の面接を行う時の心構えとして、相手にとって「相談することはたやすいことではない」ことを知っておきましょう。誰かに相談することは、「相手の時間を奪ってしまい負担をかける」「自分の弱みを話さなければならない」「うまく話せるだろうか」「ちゃんと聴いてもらえるだろうか」など、相談者にはさま

02 インテーク

図表2-2 インテークで行う4つのポイント

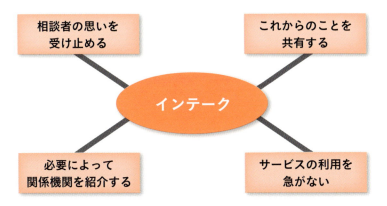

ざまな思いを生じさせます。そのため、なかなか相談するという行動を起こせず、相談すること自体を迷い、ストレスになってしまうこともあるのです。

　ある利用者の娘さんから「初めて相談の電話をかける時、電話をかける前から『うちの父の場合は介護保険を受けたほうがよいのか』『その基準に該当しているのか』『うまく話せるのか』『子どもが親を看るべきだと言われないか』『どんな人が電話に出るのか』などいろいろと考えて、何度も電話を躊躇した」とお伺いしました。このように相談をすること自体、不安で困難なものなのです。

　私が最初に勤務した病院の相談室のドアは重い金属製でした。このドアを開けて入ってくる人は、心の内側に悩みや逡巡する思いを抱えながら入ってきます。その心の重さを、金属製のドアに重ねて、「この重いドアを開けて入ってこられるクライエントの思いを私たちは大切に受け取らないとね」と日々スタッフ同士で話をしていました。

　インテークという時期は、相談者にとってとてもストレスが高く、このストレスが高いほど、相談者の緊張の度合いも高まります。今後も相談を継続してもらうためにも、「相談しなければよかった」という結果だけは避けたいところです。下手をすると、この時期の介入によって、相談者が相談をすること自体やめてしまい、悩みを抱え込んでしまう危険性すらあるのです。ですから、インテークでは、「相談してよかった」と相談者に感じてもらうことを目指しましょう。

　そのためには、相談者と援助者の「波長合わせ」が重要になってきます。お互

いに知らない人間同士が出会うので、「波長合わせ」には、相談者が安心して話せること、つまり、相談内容を援助者が十分に受け止めることが必要です。そこで、相談者の思いを汲み取り、ねぎらうことで、相談者は「受け止められた」と感じ、これから先の展望が開けてくると感じることができるでしょう。インテークは相談者の思いを受け止めて波長を合わせるところからスタートするのです。

この「波長合わせ」については「ペース合わせ」として138ページで解説しています。

インテーク時に行う面接の特徴

まず、相談者の相談内容を聴きながら、「何が起きているのか」を的確に理解し判断することが求められます。そのためにあいづちや話すことを促す面接技術を使いながら、相手の話を十分に聴き込みます。相談した人が「話せてスッとした」「整理できた」と言われる前提に、この十分に話せた感じが必要なのです。聞き手の側も、十分に聴き、時に質問して話を促すことで、「何が起きているのか」を理解することができます。その結果「こういう状況で〇〇だったんですね」と要約し、相談者から「そうなんです」と合意形成を得ていきます。

共有できた後に、事業所の機能を説明します。この時は一方的な説明になりがちですが、相談者の話に合わせながら、事業所の機能や制度を説明すると、わかりやすく伝えることができます。その結果、相談者の相談内容と事業所の業務内容をすり合わせ、事業所が相談に乗れるかどうかを共有していきます。

相談に乗れる場合には、これからの流れを説明し、ケアマネジャーの役割や今後の流れなどを伝えていきます。担当者が決まるようであれば、誰が責任を持って相談に乗るかを伝えます。もし、その事業所で相談を受けられない場合は、その相談内容に合った事業所等を紹介します。最後に、次回面接する必要性とその内容、面接時間や場所等の約束をして、インテーク面接は終了となります。

このように、インテークでは、信頼関係の土台をつくった上でこれからの援助の流れを共有することになります。当然、高度な面接援助技術を要するわけですが、ここで最も重要なのは「援助者の態度（姿勢）」です。相談者の「相談する」という緊張や不安を理解する姿勢、「お話しして大丈夫ですよ」といった援助者の

2 ケアマネジメントプロセスは面接次第

温かい態度が、相談者が安心して相談できる空気を生み、インテーク面接の成功へとつながっていくのです。

また、ここでは、短い出会いの中で相談内容を的確に理解しなければなりません。そのためには、相談内容の輪郭がはっきりするような質問を行う必要があります。「誰がその問題を抱えている当事者なのか」「相談に来た方は当事者とどんな関係なのか」「何に困っているのか」「どうしてほしいと思っているのか」などについては、少なくとも押さえておきましょう。相談者、主に介護にあたっている人、キーパーソンがそれぞれ違う場合がありますので、丁寧に聴いていきましょう。これらがボヤけている場合は、わかりやすく、答えやすい形で質問します。そして、質問で得られた内容を「こういうことなのですね」とまとめ、「とても大変な思いを抱えてこられたんですね」と感情を受け止め、ねぎらいの思いを伝える配慮も必要です。

「こちらが相手の言うことをきちんと聴いていることを示す」「相談内容を的確に把握するために質問する」「こちらの言うことをわかりやすく伝える」「相手への心遣いを示す」など、さまざまな面接援助技術が必要になってくるのが、インテーク面接の特徴なのです。

先輩からのアドバイス

インテークの段階で多く見られるよくない状況は、早い段階で介護認定やサービス利用について説明してしまうことです。これは、相談者が早飲み込みしてしまい、思いつきで、すぐに情報提供してしまっているのです。

このように早急な援助ややるべきことに終始してばかりだと、いつも「どうするか」という対応のみに追われ、問題の本質に介入することができません。相談者も十分に相談に乗ってもらえたというよりも、あまり聴いてもらえなかったという印象が残ることが多いのです。

この時期はケアマネジメントプロセスの入り口であり、相談者と援助者(聞き手)との間に問題の共有ができ、相談者の側にここでケアマネジメントを受けてみようという決定が生じるような面接が求められているのです。

03 アセスメント
―ケアマネジメントの土台―

POINT
アセスメントはただ情報をとることではなく、情報を統合、分析して、課題解決への道筋を見立てる一連のプロセスなのです。

解決に至る手立てまでを分析するプロセス

　ケアマネジメントにおける「アセスメント」は、日本語訳では"課題分析"とされることが多いでしょう。それは、単なる"情報収集"という意味だけではなく、この"課題分析"を行うプロセスそのものがアセスメントと言えるからです。

　アセスメントでは、まず、信頼関係を土台とした援助関係を構築しながら、本人の生きざまや暮らしぶりが見えてくるような全体的な情報を収集していきます。次に、そこで得た情報を統合して、分析することで、真のニーズが見えてきます。その結果、本人が抱えている問題を解決したり、より自分らしく暮らしていく手立てが見えてくるのです（図表2-3）。

　つまり、アセスメントとは、この一連の流れのプロセスのことなのです。

❶その人自身や暮らし全体の情報を収集する
❷その情報を統合して課題を分析する
❸その課題を解決するための道筋や手立てを見立てる

　何を聴けばどのような課題を確認することになるのか、そのような基本的な知識も習得していくことが必要です。アセスメントはケアマネジメントの土台であり、私たちが専門職として依って立つところになりますので、ここは特に習熟しておいてください。

図表2-3 アセスメントの流れ

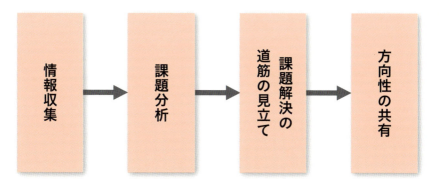

アセスメントの流れ

❶状況把握のための情報収集

　私たちがまず確認すべきことは、「何が問題なのか」「その問題をどうしたいのか」「その結果どうなりたいのか」を、本人や家族が「どのように考えているのか」というところです。この際、本人と家族はそれぞれ違う意向を持っていますので、各々に確認する姿勢が必要です。ここは今後の方針を探る上で最も重要な情報収集です。利用者・家族が感じているニーズ（フェルトニーズ）にあたり、計画書の第1表の「利用者・家族の意向」に該当する箇所になります。

　この情報収集では、❶その人が歩んできた道のりと❷その人の置かれている全体的な状況という2つの軸で聴いていくことが求められます。そしてこの2つの軸の枠組みがわかっていれば、会話の流れで質問をつくることができます。

　例えば、「骨折で入院した時から介護が必要になりました」というお話をされれば、「いつ入院なさったのですか」「それはどこの病院ですか」「骨折に至った原因はなんだったんですか」などと、話された内容から質問をつくることができます。「転倒したことが原因です」と言われれば、「転倒はどこで起きたのですか」「どんな状況でしたか」「今まで転倒したことはそれ以外にもありますか」などと質問を重ねながら、「何が起きているのか」を確認していくことができるのです。

　「何が起きているのか」を本当に把握するためには、そこに至る流れも含めて確認する必要があります。例えば、「脳梗塞で歩行困難になりました」ということで

あれば、「生活習慣病があったのでは」と見立てることも多いでしょう。「今まで
どんな病気をしてこられましたか」「入院するような大きな病気を今までしたこと
がありますか」など、『今まで』の情報を確認することになります。つまり、今の
状況を確認しながら、何が背景になったのかも聴いていくことになります。

　このプロセスの中で「何が起きているのか」が明らかになり、「何をする必要が
あるのか」がわかってくるのです。これらの情報を聴く時に、援助者側が専門職
としてさまざまな状況を判断できる知識を持っていることが求められます。その
ため日頃からきちんとした知識を持つために学び続けることも大切になります。

❷利用者・家族の意向や生活状況からニーズを見極める

　情報収集によって利用者・家族の意向や生活状況の確認が進んでくると、2つ
のニーズが明らかになってきます。それは、本人・家族の感じているニーズと、
援助職から見たニーズです。つまり、本人や家族が感じている「今、求めている
もの」、専門職から見てこの状況が「求めていると考えられるもの」ということで
す。そして、本人・家族の「要望」や「感じているニーズ（フェルトニーズ）」と
専門職が課題を分析した結果である「規範的ニーズ（ノーマティブニーズ）」とを
すり合わせて、「真のニーズ（リアルニーズ）」を見極めていくのです。

　この際に大切なことは、❶利用者・家族の要望やニーズ、その背景を明らかに
する、❷専門職のニーズを根拠をもって提示できる、❸ニーズのすり合わせをき
ちんと行うということです。つまり、援助者側がきちんと本人の思いを確認し、
援助者側の見立てを伝えることです。そのためにも確認する技術や自分をきちん
と伝える技術を身につけておく必要があります。

❸解決するための道筋や手立てを分析する

　情報を収集し、課題分析が進むと、今度はそれを解決するための手立てに結び
ついていきます。例えば、本人が持病とどのように付き合ってきたのかがわかる
と、本人が努力してきたことや家族や友人・地域がどのように支えてきたのかと
いった介護力を見立てることができます。その結果、これからの生活では、本人
のできることをもう少し工夫して発揮してもらうのか、家族の支援の可能性を探
るのか、専門職の介入が必要な状況なのかなどを見積もることができるのです。

044

❹利用者・家族との全体的な方向性の共有化

ここまで行ってきた情報収集・課題分析・ニーズのすり合わせ、解決要因分析などを経て、今の課題が何で、それを解決するためにどんなことをしていくのか、といった全体的な援助の方向性について、本人や家族と共有します。

この共有化をアセスメントの最後にきちんとしておくことが大切です。援助者は、今日の訪問で何が明らかになったのかを把握して、これから何をしていくのかを言語化しなければなりません。その際に、本人や家族が「うん、うん」とうなずいているのか、難しい顔をしているのかを観察します。

アセスメントで求められる技術

アセスメント場面では多彩な面接援助技術を駆使することになります。図表2-4にまとめた技術が、豊かなアセスメントを行うために必要な技術となります。

図表2-4　豊かなアセスメントで求められる技術

❶	情報収集では、特に質問し、確認する技術が重要	⇒質問・確認の技法
❷	本人や家族の意向、今までとこれからの身体・心理・社会的状況（生活歴、病歴、家族の歴史、地域とのつながり等）を明らかにする	⇒質問の技法
❸	情報収集から「何が起きているのか」を見立てる「本人の力」「家族の力」「地域の力」を見定め「何が必要なのか」を分析する	⇒言い換え・要約の技法 ※状況により、感情を受け止める
❹	それぞれ質問した際に話されたことをまとめて（要約）、共有する	⇒復唱・言い換え・要約の技法
❺	最後に利用者・家族と今後の方向性を共有し、合意形成を図る	⇒言い換え・要約の技法、合意形成

> **まとめ**
> アセスメントは課題分析をすることです。
> 本人・家族との協働作業を通じて
> 課題を明らかにしていきます。

04 ケアプラン原案作成

> **POINT**
> ケアプランでは記載内容を
> 実行できるかどうかの下調べが肝心です。
> そのための情報収集でも
> 面接援助技術が役に立ちます。

援助内容の具体化と事業所等への交渉が必須

❶援助に落とし込むための情報収集

　アセスメントでは、本人や本人の環境のことを知り、何が起きているのかを見立て、何を援助していくのかを考え、方向性を共有してきました。その内容を具体的な援助に落とし込んだものがケアプランです。そこには、そのニーズや長期的な目標、短期的な目標、そのための援助内容やどの機関の誰に依頼するのかなどを具体的に記載することが求められます。それを実際に行うためには、さまざまな機関にその内容で対応できるのかをあらかじめ打診します。

　例えば、短期目標を「水分量が足りていないので、デイサービスで700mlを目標に水分を摂ることができる」とするならば、各々のデイサービスで水分をどのように飲んでいるのかを情報収集しなければなりません。Aデイサービスでは、「水分を飲みたくなるようなタイミングで声かけを行い、その結果を水分管理表に落とし込み、実際に飲んだ水分量を報告する」ということができるとします。Aデイサービスならば、上記に書かれたような水分700ml摂取のプロセスを具体的に達成できると判断した場合、水分への声かけや水分管理表および報告までをケアプランに記載することができます。つまり、援助に落とし込めるくらいに具体化するためには、こちらの意図を明確にして、サービスの状況を情報収集した上で、その援助が本人のニーズに合うのかどうかを考えることになります。

　多くの場合、各サービス事業所に直接確認することになりますが、その際に面

04 ケアプラン原案作成

図表2-5 ケアプラン原案作成

接援助技術が求められるのです。ここではこちらにニーズがあるので的確にほしい情報がもらえるように確認しなければなりません。そのためには、端的に「何をしてほしいのか」を明確に伝えることが必要です。本人の状況をだらだらと伝えてしまうと、何をしてほしいのかがわかりにくいこともあるでしょう。またサービス事業所の担当者が利用者獲得のために「（なんでも）できます」と言ってしまい、後になって「そのようなことはできません」と、トラブルに発展することもあります。そのため、この時点での関係機関との交渉は大切なのです。

❷交渉・情報収集を経て、ケアプラン原案作成へ至る（図表2-5）

関係機関との交渉・情報収集、適切な機関かどうかの照合のために、❶まずケースの方向性、何をしてもらいたいのかを明らかにしておきます。

そして、❷事業所との交渉では、まずしてもらいたいことができるかどうかを事業所に確認します。この場合は、「Aデイサービスでは摂取した水分量の確認を

してもらうことは可能ですか」「その水分量をどのようにして共有していますか」「その結果を報告してもらうことは可能ですか」など、こちらのしてほしいことに対して先方のできることを明らかにしていくための質問を駆使します。

それから、❸事業所から説明があれば、十分に聴き取り、その結果をもう一度復唱して確認しておきます。これは相手の話したことを間違って受け止めるなどのズレを防ぐために重要なことです。計画書作成時には、援助を具体化し、サービス事業所等への打診や情報収集が必要になるので、その際にも面接援助技術は欠かせないものになります。これによってズレを防ぐことで、適切な計画書づくりができるのです。

ケアプラン原案作成

関係機関とのマッチングもでき、具体的に計画書を作成することができました。しかし、これで計画書ができあがったわけではありません。もちろん、この計画書の全体的共有のために次項で解説するサービス担当者会議を経て、計画書が実際に効力を発揮するわけですが、その前に本人や家族がこれでよいとするのかどうかの合意形成を図ります。

本人や家族にケアプランを見ていただき、サービス担当者会議への参加を依頼します。そのために、❶プランへの合意形成を図り、その後に❷サービス担当者会議の主旨を説明し、参加への合意形成を依頼するという、2つのことを行います。

まず最初に、ケアプランへの合意形成を図ります。この時、利用者・家族は、意向、総合的な援助方針、ニーズや目標、援助内容など初めて見ることも多いでしょうから、計画書の意味づけなども含め丁寧に説明します。その後に利用者・家族がケアプランを理解し、内容について合意されているかどうかを観察し、「このプランでいかがでしょうか」ときちんと言葉で確認を取りましょう。

つまり、ここでは、計画書の具体的な記載内容をもとに、利用者・家族の持つニーズや目標、援助内容がこの内容でかまわないのかなどを確認します。ケアプランには本人や家族にしてもらうことも書いているため、その負担感や実行可能性も確認する必要があります。ここでの共有が利用者本人がケアプランを「自分

のもの」として感じて、課題解決へのモチベーションを上げていくためのよい機会になります。また、事業所を利用する場合は、その事業所のパンフレットを提示し、見学・同行などについて丁寧に合意形成を図っていきます。こうした利用者・家族との合意形成の場面では、できるだけ本人や家族が正直に本音を話せるような雰囲気をつくります。ケアプランを作成した側とすれば、1回でOKをもらいたいところですが、この計画書発動の準備段階である原案作成時には丁寧に確認をしておきましょう。この丁寧な確認が計画書の実現可能性を大きく左右することになります。

先輩からのアドバイス

個人情報の保護

　各サービス事業所にどの段階で個人情報を伝えるのか、悩むことがあるでしょう。そのタイミングは事例によって違いますが、基本的には、単純にケアプラン上まず実施してほしい援助内容がそのサービス事業所で可能なのかを確認していきます。この段階では個人情報は必要ありません。

　しかし、個別性の高い援助内容であったり、より具体的な確認が必要となる場合には、個人情報を伝えることも求められるでしょう。そして本当にその事業所で対応できるとなれば、本人のことを伝えていかなければなりません。私たちは個人情報の使用同意書を取っていますが、それでもなお個人情報の提供には配慮に配慮を重ねる必要があります。

05 サービス担当者会議
―ファシリテーションの始まり―

POINT
サービス担当者会議で
ファシリテーター（促進者）役を果たす上でも
面接援助技術が重要です。

サービス担当者会議と当日の流れ

　ケアプラン原案を作成後、原案を利用者・家族に見せ、同意を得ます。また、かかりつけ医にもこのプランでよいかどうかの確認を取ります。

　そして、利用者・家族、医師、サービス事業所等、本人にかかわる援助者が一同に会し、このプランでよいかどうか、全員での合意形成を目指します。この会議をサービス担当者会議（以下、担当者会議）と言います。担当者会議はもちろん当日の話し合いがメインですが、準備がとても大切です。すべての参加者に会議の意図やプラン内容を伝え、できるだけ参加してもらえるように日程や場所の設定を行います。参加が難しい場合はもちろん担当者会議への意見を照会しておきます。こうして本人にかかわるすべての援助者がケアプランを概ね理解した上で直接話し合う場面をつくることで、解決すべき問題を話し合ったり、見えていない課題を可視化したり、援助の微調整を行うことができる場なのです。また、利用者・家族の意見をみんなで直接共有できるよい機会にもなります。

　担当者会議の当日の流れです。初回は利用者・家族とチームメンバーが初めて出会う場面となります。また何度目かの担当者会議でも最初は各々の紹介から始めます。❶ケアマネジャーから自己紹介し、周囲にも自己紹介をお願いします。そして、❷今日の目的をお話しします。担当者会議は全員でのケアプラン共有と合意という「共有型」の会議が一般的ですが、なんらかの問題の解決を図るための「問題解決型」の会議の場合もあります。どちらの場合でも、今回の会議の目

05 サービス担当者会議

2 ケアマネジメントプロセスは面接次第

的を最初に共有します。次に、❸ケアプランの共有のためにケアマネジャーからプランを説明し、❹利用者・家族の合意を確認します。利用者・家族の思いに沿って、❺ケアマネジャーの総合的な援助方針を説明します。

それから特に❻第2表のプランを利用者・家族の承認を得ながら具体的に説明し、その後に❼利用者・家族や各事業所からの補足をお願いします。ここでは、今、説明したケアプランに沿って、各自の行うことや留意点、具体的な連携体制などを確認します。また、実際のサービスの状況の説明を依頼したり、細かな調整をどうするかという確認を行います。さらに、❽これらの決定をみんなで確認しながら、まとめとしてこれらの具体的な援助により総合的な援助方針や目的の達成につながることを共有し、最後に❾利用者・家族の合意を得ます。❿ケアマ

ネジャーから、みんなで決めた最終合意を得たプランをいつから開始するのか、どのように評価していくのかを説明します。そして、この会議を今後継続して行っていくことや、次回会議の予定時期を伝えて、担当者会議を終えます。

ケアマネジャーはファシリテーター（促進者）

担当者会議でのケアマネジャーの役割は司会です。司会は全体のファシリテーター（促進者）です。ファシリテーターの役割は話し合いの目的を達成するために会議を促進していくことです。具体的には、❶今日の目的に沿ってみんなが話せるように進めること、❷みんなが話しやすい雰囲気をつくることです。そのためにグループ・プロセスを適切に観察します。そして、その話し合いが建設的に進むように時に介入し、会議がよいものとなるように努めます。

❶切り出し

切り出しでは、参加していただいたメンバーへの感謝を伝えるのが一般的です。また、「サービス担当者会議」という言い方で共有できていればいいのですが、本人や家族にわかりやすいのかどうかを考え、言葉を選び、時に説明しながら進んでいきます。

❷自己紹介

参加者各々について簡単にケアマネジャーから紹介した上で、参加者に一言自己紹介をしてもらうとスムーズです。

❸ケアプランの共有

ケアプランを事前に配布しておき、みんなでケアプランを見ながら、ケアマネジャーがプランの説明をします。まずは利用者・家族の意向を確認します。利用者・家族の声から始めることが重要なポイントになります。利用者・家族の意向に沿って、総合的な援助方針を説明します。ここでは今回の計画の目標やねらい、それを達成するための援助方針をわかりやすく説明します。

05 サービス担当者会議

❹プランの具体化、詳細の連携や解決のための意見交換

「何かご意見や説明の補足があれば、お伺いしたいと思います」と伝えながら、課題になっている点があれば、その話を進めていきます。以下、簡単な例を示します。

> 「Aさんはできるだけ自分のことは自分でやろうと思っておられます。実際に薬は自分で飲まれますが、自分でされたことをどのように確認していきますか」「それではAさんは薬の殻を服薬カレンダーに入れていただいてよろしいでしょうか」「毎日来るヘルパーさんには服薬カレンダーの薬の殻で服薬確認を行っていただくことになりますが、その結果を訪問看護師さんにどのように伝えましょうか」「わかりました。ではAさんが殻をカレンダーに入れ、ヘルパーさんが確認して、ノートに記載しておく。それを訪問看護師さんが確認し、また残薬の確認もしていただくことでよろしいでしょうか」など最終的に要約して合意形成を図ります。そして、「ではその内容がわかるようにケアプランを修正しておきますね」と確認を行った上で、ケアプランの細かな修正を行います。

❺最終の合意形成と開始時期や評価の時期の確認

全体の意見交換が終わった後、要約し、参加者全員での合意形成を図ります。この時には、各事業所が実際にすることや利用者・家族に無理がないかなども確認した上で、最終合意を得ます。この最終合意を行った後に、この計画の開始時期を伝え、また実施後のモニタリングとして毎月自宅訪問での様子確認を行うことや、各事業所には、どんなことでもいつでも連絡してもらうように伝えておきます。また個別援助計画書の提出も依頼しておきましょう。

❻会議の終わり：今後の会議の継続

会議の終わりに会議で共有・合意できたことを要約して伝えます。以下、要約例です。

2 ケアマネジメントプロセスは面接次第

053

> 「今日は皆さんで初めてお会いしましたが、Aさんの計画も了承され、また具体的な服薬の確認方法についても整理することができました。皆さんのご意見をいただき、よりよい計画にできたと思います。Aさん・Aさんの長女さんからも了承をいただきましたので、これで進めていきたいと思います。なおこの会議はAさんが元気になっていくためのチームメンバーによるものですので、今後も引き続き行っていきたいと思います。次回は介護保険の更新時期が6か月後になりますので、まずはその際には開催を予定していますが、それまでも変化があれば必要に応じて開催したいと思います。その際には皆さんのご参加をお願いしたいと思います。今日は本当にありがとうございました」

担当者会議で求められる技術

　全体的には、説明・質問・より深めての質問・まとめ、発言への感謝と配慮といった内容でファシリテーションを行っていきます。このファシリテーターとしての役割においても面接援助技術を駆使する必要があります。会議の参加者全員で利用者・家族の生活を援助できるチームを形成するための黒子のような役割を意識しましょう。

- ケアマネジャーは司会でありファシリテーターです。
- ファシリテーターの役割は、❶目的に沿って建設的に話せること、❷皆が話しやすい雰囲気をつくることです。
- 参加者紹介、ケアプランの共有、意見交換、今日の会議結果のまとめの順に進めていきましょう。

05 サービス担当者会議

「ことば」の力：身体化・行動化・言語化 COLUMN 2

ケアマネジメントプロセスは面接次第

「便秘でデイサービスに行けません」と利用を拒否されたり、あるいは、「こんなところ嫌だ、帰してくれ」と言って職員を怒鳴りつけるような場面に出会ったことはありませんか。

こうした「便秘でおなかが痛くて」「胸が締めつけられてしんどくなるのです」などのように身体に症状が出ることを「身体化」と言います。もちろんその背景に病気が隠れていることもあるので、医師との相談は必須です。しかし、これには心理的な要因が絡んでいることも少なくありません。

また、「帰してくれ」と言って職員を怒鳴りつける、叩く等の行動に出てしまう場合を「行動化」と言います。気持ちを行動で表しているのです。このどちらもが、気持ちや思いを症状で表現する、あるいは行動で表現しています。

しかし、その気持ちや思いを「ことば」で表現できれば、それは「言語化」となり、「ことば」で理解し合うことができます。そうなると、症状で出たり、行動にしたりする必要がなくなります。これは、子どもの不登校や非行にも見られます。不登校の理由である腹痛や万引き等の非行について、言語化していく必要が指摘され、カウンセリング等の専門家が支援していることも少なくありません。

高齢者にとっても、症状や行動で表現した思いや気持ちを言語化し、その思いや気持ちを受け止めてもらえたならば、症状や行動が軽減したり、時に消失することもあります。認知症を煩う人が「嫌だと言えないから暴力が出る」というのも同じ論理で考えるとわかりやすいでしょう。「ことば」によるコミュニケーションを通して、本人と理解し合うことがとても重要です。あるいは、「ことば」にならずに症状や行動で表現している場合は、その時に出された「ことば」や行動から推察し、本人の心理を理解し続けることが求められているのです。

055

06 モニタリング
―改善していくために―

> **POINT**
> モニタリングを形式だけの機械的な訪問にせず、きちんとケアプランをチェックし、改善をしていく機会にすることが大切です。

モニタリングは「改善」を考える機会

　サービス担当者会議後、ケアプランを修正しました。修正した計画を利用者・家族に了承いただいた後、計画書を配布し、そのプランで実際の援助が始まりました。そこでしなければいけないことは、実際の援助と本人の状況の評価です。その確認作業をモニタリングと言います。具体的には、実際の援助が本当にケアプラン通りに遂行されているのか、その結果が短期目標達成に近づいているのか、実施してみて本人や家族の意欲や思いはどうなったか、修正点があるのかなどを確認していきます。

　それを月に1回は必ず訪問して確認するわけですが、月1回の訪問が義務化されたことで、「訪問証明の印鑑をもらいにいく日」と勘違いしている方も見受けられます。それでは、モニタリングの機能を果たしません。ケアマネジメントはあくまで「マネジメント」です。マネジメントはPDCAサイクルという仕組みで目標を達成していくと前述しましたが、このPDCAの中で特に重要だと言われているのがCheck（評価）です。つまり、ケアマネジメントプロセスで言えば、モニタリングにあたります。モニタリングを丁寧に行うためには、実はケアプランの段階から改善を見越した内容で立案しておく必要があるのです。例えば、「目標：清潔保持→援助内容：入浴介助」では、ずっとこのプランを続けることになりかねません。「改善」の視点に立ち、「清潔」とはどういうことで、何がどうなれば清潔保持なのか、そして、本当に介助が必要なのかなど、具体的に考えるこ

とで改善していかなければなりません。私たちが本人のよりよい暮らしを一緒に考えていく上で、「改善」という意識をしっかり持つことが問われているのです。

「改善」のためのモニタリングとは

「改善するためのモニタリング」を実践するためには、私たちは「何がどうなればよいのか」という目標を明確にして、その方向に向かって「何をどのように変化させていくのか」という道筋を明らかにする必要があります。面接援助技術としては、質問や言い換え等を駆使することは今まで同様なのですが、ここでは、さらに「なんのために」何を聴き、何を確認するのか、そしてどんな可能性を見出すのかが重要になります。

ケアプランが「清潔保持→入浴介助」である方に対して、モニタリングで「入浴できたかどうか」と「清潔になったかどうか」を確認するだけでは、毎回同じことを聞くことになり、これでは改善はありえません。しかし、その方に対して、意欲や身体レベルの確認をすることで、本人のペースで入浴できる可能性や「入浴」という機会に本人がどう参加するのか、どの手順であればできるのかなどを考えていくこともできるでしょう。例えば、

> 「入浴してみて気持ちがよかったのか」「どんなふうに入浴されたのか」「どの部分を介助されたのか」「自分では何かしてみようとされたのか」「どの部分ができるようになれば、自分のペースで入浴でき、より入浴を楽しめるようになるのか」「自分でできるところはやろうとする意欲があるのか」「身体面のレベルで考えた時、自分でどんなことができる可能性があるのか」

などについて考えたり、その可能性についてリハビリ職に聞いてみようと思うかもしれません。あるいは、今自分で入浴できる可能性が低くても、本人の意欲の向上や身体面の可能性などを考え、小さな目標に切り分けながら、これからの可能性を検討することもできるでしょう。たとえ全介助であったとしても、入浴を心地よいものとし、健康保持の機会にできるかもしれません。入浴中のかかわりや入浴後の水分補給に至るまで、どのようにすることが本人にとって一番よいのかを突き詰めて考えていくことが大切です。

　面接では、「ケアプランの実行の有無」「目標の達成」「本人の気持ち（満足度）」などを確認することになっていますが、さまざまな可能性を加味して質問をすれば、より改善する方向で面接を進めることができます。モニタリングはいわば再アセスメントの機会にもなるのです。援助者は単に「できたかどうか」「今の目標にあっているかどうか」を確認するだけではなく、常によりよい改善へと向かう可能性を考えながら質問をし、計画の再修正を図っていく必要があります。

　以上が、「改善」のためのモニタリングです。そして改善のプロセスは、面接援助技術を駆使する以前に、本人がどうなりたいのかを十分に聴き、そこから改善に結びつけていく作業を通して、継続的に行っていく必要があるものなのです。

06 モニタリング

> ・モニタリングは「改善」を検討する機会。
> ・改善するにはPDCAを繰り返します。
> ・具体的に尋ねることで「改善」の可能性が見えてきます。

ケアマネジメントプロセスは面接次第

先輩からのアドバイス

アセスメントは初回訪問の時にしっかり行おう

　利用者との関係は、利用者とかかわる中でできるので、時間をかけてアセスメントを行えばよいと習ってきた方々もおられるでしょう。確かに、関係性ができてきて初めて取れる情報もあるでしょう。しかし、関係性ができても、経済事情など立ち入ったことが聴けない事例があることも聴いています。

　基本的に、アセスメントは最初にしっかり行うことをお勧めします。最初だからこそ、初対面だからこそ、自分の役割を話し、この援助関係の始まりとして本人を理解するためにいろいろと聴くことを伝えれば、相手にはその意図を理解してもらいやすくなります。その上で立ち入った情報を確認する際には、「介護に使える金額を確認しておきたいのです」など、なぜその情報が必要なのかなどを伝えることも必要でしょう。

　また、いろいろと聴いておかないと、本人の暮らしにあったケアプランを立てられません。一時期、誰に対しても同じような、金太郎飴プランと呼ばれるプランがありました。「入浴ができない→清潔を保つ→デイでの入浴」「閉じこもり気味→他者交流→デイへの参加」など、どの人にもほぼ同じ内容が書かれたものです。一方的で型にはまったケアプランは、必ずアセスメントが不十分なことが原因でできあがっています。まずは援助関係の始めに情報をいただく意味を伝え、アセスメントをしっかり行っていきましょう。

07 ケアマネジメントは誰のもの?

POINT
本人主体とはどういうことでしょうか?
改めて問い直してみましょう。

ケアマネジメントはあくまでも本人主体

　ケアマネジメントは誰のためのものでしょうか?
　こう尋ねると、それは「利用者本人のものです」と答える人が多いでしょう。
　にもかかわらず、現実の援助においては、以下のようなことをよく聞くのです。
「本人に話してもわかっていないみたいだし、家族とよく話しています」
「本人はプライドが高いのでデイサービスに行かないのです」
　しかし、「本人に話してもわからない」や「プライドが高い」、これらの状況は、果たして真実なのでしょうか。おそらく援助者が貼ったレッテルにすぎません。これでは、建前では「本人主体」と言いながら、実は「ケアマネジャー主体」になっているようなものです。
　介護保険制度自体にも似たような構図が生まれています。建前上、介護保険では本人や家族がサービスを選べるようになったと言われていますが、デイサービスに断られてしまい、行くところがない利用者がいます。つまり、事業所が利用者を選んでいるわけです。このように建前では利用者主体と謳いながらも、実は援助者主体の状況はいとも簡単に起きているのです。
　だからこそ、第1章で述べた援助者の価値観や援助者のほうが持ってしまう力（パワー）について、私たちは注意しておく必要があるのです（10ページ参照）。
　上記の「本人に話してもわかっていないみたいだし、家族とよく話しています」という場合、本当に本人に話してもわかっていない状況なのでしょうか。そもそ

　も、まず本人に話しかけているのでしょうか。どんな質問をしているのでしょうか。本人の状況にあった声のかけ方をしているのでしょうか。質問も理解しやすいように工夫しているのでしょうか。そうしたことをせずに、家族とだけ話しているのならば、とても本人主体の援助とは言えません。

　Bさんは82歳の男性です。前任のケアマネジャーは交代になっており、難しい人という評判です。新任のケアマネジャーは緊張しながらも、Bさんに挨拶し、Bさんの話をじっくりと聞いているうちにわかったことがありました。前任者はいつも長女とだけ話して帰るというのです。「長女と話してばかりいる。自分のために来ているんだろうが……!」という鬱憤がたまり、ある日、いつものように長女とだけ話す前任のケアマネジャーに「帰れ、お前の顔など見たくない」と言い、杖を振り回したとのことでした。この話をした後、「初めて自分の声を聴いてもらえ

た」とBさんは笑顔になったそうです。

　私たちは「（この人は）難しい」「（この人は）話しても仕方がない」と早々にレッテルを貼りがちです。でも、それは援助者の傲慢ではないでしょうか。専門職であれば、本人が話せるように面接援助技術を駆使して、話しやすい雰囲気をつくるべきでしょう。その努力を怠ることで困難事例を生んでしまっている実態が確かにあるのです。改めて「本人主体」の意味を考え、それを実現するための援助を行いたいものです。

ケアマネジメントプロセスは本人との協働作業

　ケアマネジメントプロセスは、インテークからアセスメント、ケアプラン、サービス担当者会議、モニタリングと進んでいきます。この間にどれだけ多くのことを利用者・家族と話し合っているでしょうか。

　施設の中でのことです。職員が利用者に話しかけていました。「ご飯を食べに行きましょう」「トイレに行きましょう」「お風呂に行きましょう」。それらは、すべて介護に関する声かけばかりでした。それも一方的に「〇〇しましょう」というようなものです。仮に「ご飯を食べにいこう」というお誘いであっても、目を合わせ、本人に「ご飯を食べにいきましょうか」とゆっくり尋ねてもらえれば、「迎えにきてくれたの?」「今日のご飯は何だろう?」「あまり気が進まないんだ」など、豊かなコミュニケーションに発展する可能性があります。しかし、「〇〇しましょう」と車いすの後ろから声をかけ、相手の反応がどうであれ、車いすをすでに動かしているとしたら、それは全く本人の反応や気持ちを考えずに行った、援助者主体のサービス提供と言えます。

　また、在宅においても同様です。例えば、「デイサービスに行きましょう」「行きたくない」「親切でいいところですよ」「でも行きたくない」「そんなこと言わずに行きましょうよ」……こんなやりとりに覚えはないでしょうか。

　アセスメントからニーズを抽出する時に、本人の感じているニーズ（フェルトニーズ）、専門職の感じているニーズ（ノーマティブニーズ）をすり合わせて、真のニーズ（リアルニーズ）を導きだしていきますが（図表2-6）、例えば、「デイサービスに行かないんです」という困難性は、専門職からのノーマティブニーズ

07 ケアマネジメントは誰のもの?

だけを押しつけているのかもしれません。あるいは、本人が「行きたくない」のだから仕方がないと、本人の言葉だけを優先させてしまい、援助が動かなくなっていることもあるでしょう。どちらも本人の言葉の裏にある気持ちを聴き取ろうとしていません。

図表2-6 ニーズのすり合わせ

フェルトニーズ ＋ ノーマティブニーズ → すり合わせ → リアルニーズ

なぜ私たちはこんなにも本人の声を聴くことが難しいと感じてしまうのでしょうか。それは、「本人の声を聴くという価値観」の希薄さとともに、本人と語り合うための面接援助技術が未熟なせいだからでしょう。まずは、「行きたくない」と言っている本人の気持ち（思い）を受け止め、聴いてみることが肝心です。何が起きているのか本人の世界を受け止め、それを伺いながら、「そうなのか」と本人の思いに寄り添うことができれば、本人の「わかってもらえた」とう思いを引き出すことができるかもしれません。

ケアマネジメントプロセスにおける合意形成は、本人の声を話してもらえるように尋ねていくこととこちらの言うことが本人にわかるように丁寧に伝えることから始まります。本人主体が実現できるかどうかは、私たちのあり方にかかっており、その実現のためには面接をしっかり行わなければなりません。面接援助技術の根本となる、「聴く」「語る」をベースにした、「確認する」「合意形成のプロセス」の積み重ねをもう一度丁寧に行っていきましょう。

- 援助が、援助者主体になっていないか注意しましょう。
- 私たちが本人の声を聴くことができないのは、本人主体の価値観の希薄さとともに本人と語り合うための面接援助技術が未熟だからかもしれません。
- 本人に話してもらえるように尋ねていくこと、こちらの言うことを本人にわかるように丁寧に伝えることが大切です。

＼まとめ／

08 こんな時どうする？❶
忙しそうな利用者に遠慮してしまう

> **POINT**
> 時として、相手を気遣って
> 「遠慮」してしまうことが裏目に出ることも……。
> どうすればよいのでしょうか？

「私たちが悩む時」は、ケアマネジメントプロセスの各過程に立ち戻って検討します。ケアマネジメントプロセスの一つひとつの過程において面接援助技術が求められますが、プロセスの各過程での丁寧な援助と「相手を理解し、相手と合意形成をつくりあげていく」という細やかな面接援助技術がどうであったかを振り返ることが大切なのです。ここでは、失敗しがち、悩みがちな「こんな時どうするの？」という事例を通してそのことを考えていきます。

「遠慮」の構造

長女さんからのクレーム

Cさんは75歳。Cさんの長女さんは正社員として、家から1時間半ほど離れた勤務先に出勤しています。きちんとした仕事ぶりは定評があり、周囲の信頼も厚く、忙しい毎日を送っていました。そんな矢先にCさんが転倒して骨折のため入院。リハビリの結果、伝い歩きで歩けるようになったため退院することになりました。退院と同時に、自宅での生活を支えるためにケアマネジャーのDさんがかかわることになりました。Dさんは長女さんの忙しさを感じていたので、Cさん宅を訪問し、Cさんと会って毎月のモニタリングを取っていました。ところが、ある日、地域包括支援センターから連絡が入りました。長女さんから「Cさんに退院後

からもの忘れが出てきて困っている」という相談が来ているとのこと。ケアマネジャーに相談するよう伝えたところ、「毎月自宅には来ているようだが、ほとんど会ったことがない」と訴えられたので、地域包括支援センターから連絡をしたとのことでした。長女は「ケアマネジャーは本人と会う人で、家族の相談は誰に乗ってもらえればいいのでしょうか」と尋ねているということでした。これを聞いたDさんはどうしたらよかったのかと考えてしまいました。

これは、忙しい家族にお会いする時にケアマネジャーが遠慮してしまった事例です。なぜこのようなことが起きたのでしょうか。それは、私たちは相手の状況がわかると、「忙しそうだから……」とつい遠慮してしまうことに原因があります。この「遠慮」がくせ者なのです。遠慮は相手に配慮する行為のようにも見えますが、実は相手と話し合う、相手に確認するといった行為をせずに、こちらの見え方（考え方）で決めてしまっていることになってしまうのです。

遠慮が裏目に……

この「遠慮」はなぜ起きるのでしょうか。もしかすると、相手に確認すること
をケアマネジャーがどこかで避けてしまったのかもしれません。話し合う時間を
ケアマネジャーの側が長女に合わせると土日出勤になるかもしれない、相手に確
認するという行為が相手の領域にずかずか入ることにつながり迷惑がられるかも
しれない、そもそも相手に確認するだけの面接ができないなどです。「遠慮」はあ
たかも相手のことを配慮しているかのようですが、実はこちら側のどこかで避け
てしまうといったような理由が奥底に隠れていることも多いのです。

　多くのトラブルがこのような「遠慮」によって起こります。私たちも日々問題
が起きた時、「そんなことなら言ってくれたらよかったのに」ということがありま
す。そう「言ってくれたらよかった」のです。「遠慮」はこちらの配慮で起きてい
るようですが、本当の配慮とは相手としっかり話し合うことなのです。

「遠慮」ではなく「確認」する援助へ

　遠慮してしまうのではなく、まずはしっかり話し合い、本当の意味で配慮ある
援助を行うためにはどうしたらいいのでしょうか。

　上記の事例では、まずDさんは長女に連絡を取り、家族と一緒に話し合う場を
つくりました。そして、今回のことを聴き、お会いしていなかったことをお詫び
しました。その後、「今、何が一番の心配事でしょうか?」と尋ねてみました。す
ると、「少しずつ記憶障害が進む母親にどう対応したらいいのか」という心配と
「自分の仕事との両立がいつかできなくなるのでは」という不安がのしかかって苦
しい思いでいたことが共有できたのです。DさんはCさんとだけ会っていたので
は、長女さんのこのような思いはわかりませんでした。

　「これからもCさんと長女さんの援助を考えていく上で、できれば継続的に長女
さんにもお会いしていきたいと思います」「一緒に考えていく上で、お時間をとっ
ていただくことは可能でしょうか」と伝えました。自分の気持ちや考えを伝えた
ことと、その上で相手の状況や可能性を確認したのでした。このように相手の状
況については相手に確認するということがとても重要です。

　「遠慮」は、思いやりの気持ちからしたことであっても、相手に確認せずに行っ
た場合、相手には不本意になることもあるでしょう。「遠慮」ではなく、「確認」

で進めること、それが協働作業の始まりであり、道を切り開いていくためにも重要なことなのです。

> - 「遠慮」は要注意です。
> - 遠慮していると、相手の声を聴かなくなってしまいます。
> - 「遠慮」ではなく「確認」しましょう。
> - 相手の状況（今の思い等）を確認する（聴く）と、必ず道が開けてきます。

引き継ぎケースの困難さ　COLUMN

　困難事例の多くは、引き継ぎケースにおいて発生する傾向があります。その共通点は、引き継いだケースをそのまま踏襲（とうしゅう）しているということが挙げられます。つまり新しい担当者が再アセスメントをしていないのです。その理由には、利用者・家族に同じことを聴いて負担をかけるのではないかという「遠慮」や、すでにサービスが始まっておりそのまま実行できる状況にあること、関係が築けてから再アセスメントをすればよいという考えなどがあります。これらのことからも、引き継ぎケースは、引き継いだその時に再アセスメントとして、全体アセスメントを行うことをお勧めします。自分がしっかりアセスメントをすると、その事例が手に取るように見えてきます。そして、根拠のあるケアプランにつなげていけるのです。新規であっても引き継ぎであっても、自分のケースは自分でアセスメントをするということを心がけてみましょう。

09 こんな時どうする？❷
家族内の問題だからと消極的になってしまう

> **POINT**
> 家族の問題に踏み込むのは、
> 躊躇(ちゅうちょ)してしまうものです。
> それでも利用者本人の援助に必要なことは
> 確認しましょう。

> Eさんは一人暮らしで足腰が弱くなっています。次女が自宅から通って介護をしているのですが、他の子どもたちはあまりかかわりを持っていません。本人は「子どもが多くいても一緒よ。寂しいわ」と話し、次女からは「いろいろとあるから」と言うのみで話が終わってしまうのでした。その矢先に次女ががんで入院することになりました。
> 担当のケアマネジャーのFさんは、家族に何かあるようだけど、今後どの家族と話をして進めていけばよいのかわからない……と悩んでしまっています。

立ち位置をわきまえて確認すべきことを確認する

　ケアマネジャーとして本人のアセスメントを行う中で、「家族内に問題があるようだけど、それをどうしてよいかわからない」と感じることがあります。実際に、事例検討会で「本人ではなく家族に問題があるが、家族の問題にどこまで立ち入ってよいかわからない」という話題になることがあります。家族の問題の根深さは各々ケースによって違うかもしれませんが、はっきりしていることは、その時に介入したケアマネジャーが家族の問題をすべて解決することはできないということです。

　ここで必要になるのは、まず自分自身のポジショニングを明らかにしておくこ

09 こんな時どうする？❷家族内の問題だからと消極的になってしまう

とです（82ページ参照）。例えば、前述の例でも「いろいろあるであろう」家族の課題をお聴きする場面があったとしても、Fさんの立ち位置はEさんのケアマネジャーであり、その位置からのかかわりとなります。

その上で、Eさんのケアマネジメントにおいて必要となる、家族の状況や家族歴を確認したり、キーパーソンや介護者の整理などのアセスメントを行っていきます。やはりケアマネジメントプロセスのアセスメントの質が問われることになるのです。丁寧に情報を収集すると、「家族に何が起きているのか」「家族の力量」が見立てられてきます。ここがきちんとできると、家族にどのような援助が必要なのかも見えてくるのです。

上記の例では、Fさんは次女と面談し、家族背景を確認しました。実は、本人の実の子どもは次女だけで、長男や長女は前妻の子どもであること、結局次女が本人を看るしかないこと、次女が入院した間は、次女の子どもが本人にかかわることなどがわかってきました。

積極的に確認を！！

家族のことを丁寧に聴いてみる

　何が家族に起きているのかがわからない間は、とてつもない問題がその家族内にあるように思うかもしれません。しかし、この事例のように、状況をお聴きする中で、家族や本人の心理や考えが理解できるようになってきます。そうなると援助方法が見えてくるのです。あるいは、これからどうしていくかを共有できるだけで、家族と専門職のつながりは深まっていくのです。

　この事例のような消極的なかかわりが起きる背景には、「家族の問題だから立ち入ってはいけない」という先入観があります。もちろん、家族の中に気になる人がいるからといって、その人の抱えている問題への介入を勝手に始めてはいけません。あくまでも私たちは利用者本人の援助者の立ち位置（ポジション）から離れてはいけないのです。

　この事例では、次女の入院という事態から、今後のEさんの援助について話し合うことになりました。そこで、なぜ他の家族がかかわらないのかを聴いてみると、本人の夫の死亡後の相続から家庭内でもめごとがあったことがわかりました。そして、今もそれをひきずっており、その結果、次女だけがかかわることになってしまっていたのです。こうした問題はケアマネジャーのポジションだけでは解決できないことです。場合によっては、家族関係から生じた法的な問題まで相談できる場所を紹介する必要もあるかもしれません。話をよく聴いて、状況を整理できれば、適切な援助者（社会資源）につなげることもできるでしょう。

　このようにケアマネジャーだけですべての問題を必ず解決できるわけではないのです。だからといって、最初から立ち入らないのではなく、本人の援助に関することであれば、確認しておくことも必要です。もちろん、繊細な問題の場合もあるでしょうから、相手との出会いの中で、その人の状況に合わせながら、丁寧に聴いていくことが大切です。

　例えば、前述の次女と面談する際には、配慮しながら、深める質問や広げる質問が必要になるかもしれません（178ページ参照）。

09 こんな時どうする？ ❷家族内の問題だからと消極的になってしまう

2 ケアマネジメントプロセスは面接次第

> **（例）次女から入院日が決まったと聴いた場面**
>
> 「今回は、何で入院されるのですか。差し支えない範囲で、お話しいただいてもよろしいですか」
>
> 「入院されている間はどなたとお話しさせていただきましょうか」
>
> 「あまり他のご家族がかかわられないのは、何かおありだったのでしょうか。無理にお話いただく必要はありませんが、差し支えない範囲で伺ってもかまいませんか」
>
> 「いろいろとおありだったのですね。でも、そのことを打ち明けていただいてありがとうございます。次女さんの置かれた状況を理解させていただきました」
>
> 「では、入院中は次女さんのお子さんに連絡させていただきますね」

　家族のことをいろいろと伺う段階で、家族の問題に不用意に踏み込まないためにも、丁寧に「質問する」こと、そして、そのことをこのように受け取ったということを「要約して」伝えておきましょう。感情的な思いも言葉に乗ってきますので、聴いてもらえて理解されたと感じられるような「応答」も必要になるでしょう。さまざまな意味で、面接援助技術を身につけていると、専門職としての立ち位置を意識した面接ができるようになってきます。

- 家族の問題に踏み込むことと、立ち位置をわきまえて家族状況を確認することは別のことです。
- 本人の援助のために丁寧に家族の状況をアセスメントします。
- その際には家族の歴史や現在の家族の状況も確認しましょう。

071

10 こんな時どうする？❸ サービスありきで進めてしまう

POINT
ケアマネジャーはサービスの紹介屋という誤解があります。
そうではないケアマネジャーとは?

ケアマネジャーはサービスの紹介屋・調整役?

　ケアマネジャーの課題の1つが、どうしてもサービスを入れることを中心に考えてしまうことでしょう。これは、サービスが入らないと収入にならないシステムになっていることも一因ですが、私たちケアマネジャーの思考の仕方や認識にも原因があるかもしれません。その結果、いつの間にかケアマネジャーは総合的に相談に乗る人ではなく、サービスの紹介屋・調整役として家族や地域に認識されてしまっている状況があるのです。

　Gさんは脳梗塞を発症し、それ以来手足が不自由になりました。そのため家の中でもゆっくりとしか動けません。長男の妻が主たる介護者ですが、時々Gさんがかんしゃくを起こすので、困っています。長男の妻は介護保険の利用を考え、ケアマネジャーに依頼しました。ケアマネジャーは家族の疲れも考え、まず、デイサービスを紹介しました。
　しかし、Gさんは「行かない」の一点張りです。長男の妻も当初はデイサービスに行くようにお願いしていましたが、Gさんはさらにかんしゃくを起こすようになりました。
　困った長男の妻は、地域包括支援センターに「こんな場合は、どこに相談したらいいのでしょうか」と電話をかけました。地域包括支援センターの職員が担当のケアマネジャーに相談するように伝えたところ、

> 長男の妻は「ケアマネジャーさんはサービスを紹介する方なのではないのですか?」と返しました。

　この事例では、長男の妻にとって、ケアマネジャーはサービスを紹介・調整する人という認識になっていたのです。このような事例は、実は少なくありません。なぜ、このようなことになってしまうのでしょうか。

　まず1つには、ケアマネジャーと利用者・家族が一番初めにどのような出会い方をしたのかということが肝心です。その場面でケアマネジャーは自分自身をどのように伝えたのでしょうか。また、本人（Gさん）の援助がケアマネジメントの目的であることを伝えられているのでしょうか。つまり、ケアマネジメントの目的とケアマネジャーの役割をきちんと伝えられていたかどうかです。

　2つめは、その目的、役割を現実化するような行動を取ったのでしょうか。つまり、ケアマネジメントプロセスをきちんと行ったのかということです。アセスメントを丁寧に行い、ケアマネジャーと利用者・家族との間でニーズのすり合わせを行ったのかということです。

サービス中心からの脱却

　この事例では、家族がケアマネジャーをサービスの紹介・調整役として認識していたわけですが、それはケアマネジャーのかかわりの結果、そうなったわけです。ですから、そこに至るまでのかかわりを見直す必要があります。

　この事例では、「なぜかんしゃくを起こすのか」ということは今もわかっていません。デイサービスを紹介されたものの、行きたくない本人との間の葛藤が激しくなり、余計にかんしゃくが強くなっています。このように私たちの援助が、逆に相手の状況を悪くしてしまうことがあります。そのほとんどは、ケアマネジメントプロセスをきちんと遂行していないことが原因なのです。

　まずは、かんしゃくを起こすことで困っているなら、「なぜかんしゃくを起こすのか」を先に考えなければなりません。その時にかんしゃくを起こす理由の仮説を立てるためにも、専門職として情報を収集していきます。収集した情報から仮説を立てるためには、専門職としての知識が土台として必要です。

　例えば、かんしゃくを起こす要因として、脳梗塞を起こしてから怒りっぽくなった、もともとせっかちで怒りっぽい方である、本人への声かけが上手にできていない、水分量や栄養、睡眠が足りていない状況がある、などいろいろと考えることができるでしょう。

　つまり、これらの状況を確認することで、援助のあり方が見えてくるのです。例えば、脳梗塞が原因であれば、医師とも相談し、まず生活習慣病の援助や体調の管理を行うことが求められるかもしれません。
「脳梗塞での入院はいつですか」「高血圧や糖尿病、脂質異常症などの指摘は以前からありましたか」「今の病状と注意点をどのように医師から聴いていますか」「一日の生活の流れを教えていただけますか」「一日の水分量はどのくらいですか」「食事内容も教えていただいてよろしいでしょうか」など、上記の仮説を検証しようとすれば、多くの質問が必要になるのです。

　このように、根拠を持った質問が多くできることも適切な援助のために必要なのです。そして、このようなアセスメントが行えると、ケアプランに具体的な援助を位置づけることができ、この事例にあるような「デイサービスを紹介します」というだけの援助ではなくなるのです。

10 こんな時どうする？ ❸サービスありきで進めてしまう

こうした援助が、サービスありきの援助からの脱却につながり、その結果として、ケアマネジャーはサービスを紹介する人という認識から総合的な相談ができる人へと変化していくのです。

> - サービス中心から脱却して、総合的な相談ができる存在を目指しましょう。
> - そのために、専門職としての知識を磨き、根拠を持った質問をしましょう。

COLUMN サービスを過度に入れている？

あるテレビ番組で、消費者の立場でケアマネジャーの問題が語られたことがあったそうです。それは、ケアマネジャーが提案したプランは、多くのサービスが入るため多大な出費につながったのですが、本人が作成するセルフケアプランに変えたところ、サービスが減って支出が抑えられたというものでした。このテレビ番組がもたらしたのは、ケアマネジャーという職はどうなっているのかという苦情と問題提議でしょう。

このテレビ番組から筆者が感じた問題は、この時の利用者・家族との合意形成はどうなっていたのかということです。合意形成とは、アセスメントにおいても、「このような理解でよかったですか」という確認も合意形成ですし、プランを見せて、「これで進めてよろしいですか」ということも合意形成になります。つまりサービスが過多で困ると感じられていることを、もっと早くにキャッチできなかったのでしょうか。利用回数や金額を含め、きちんと利用者・家族にケアマネジャーからの提案をお伝えしましょう。その上で合意形成をしっかり行うことが、苦情防止になるのです。

11 こんな時どうする？ ❹ どこまでかかわるべきか迷ってしまう

> **POINT**
> ケアマネジャーの仕事は
> どこまでやるべきなのか？
> それも含めて見立てる力が求められています。

どこまでがケアマネジャーの仕事なのか

　ケアマネジャーの悩みどころの1つに「どこまでやればいいのかがわからない」があります。ケアプランを立てるのが仕事なのに、どこまでを要求されるのだろうか、家族の代わりに動いているのではないかと思う時もあるかもしれません。

　Hさん（81歳）は一人暮らしです。軽度の認知症を患っています。「家族は皆亡くなったから一人だけど、今は何でもできるから」と話していますが、だんだんと痩せてきています。どうも食事がしっかり食べられていないようです。ヘルパー等の利用を話してみましたが、サービスの利用は受けつけてくれません。冬の寒さの中、暖房をつけているのかも心配で、毎日ケアマネジャーが見に行きます。ケアマネジャーは命の危険も感じていますが、サービス利用に関してはどうしても本人の同意が取りつけられず、どうしたものか悩んでいます。

　このような事例を体験した方は少なくないでしょう。一人暮らしで認知症がある方の場合、援助の拒否から対応に苦慮されることも少なくありません。また、本人が滞納した金銭の支払いに行ったり、食事をつくったことのあるケアマネジャーもいるかもしれません。

11 こんな時どうする？ ❹どこまでかかわるべきか迷ってしまう

　このようにケアマネジャーがどこまでやればいいのかと悩む事例は至極一般的であり、本人の判断能力や遂行能力の低下、および実際に支援してくれる家族など、本人を代行してくれる人の不在など、状況的に課題がある場合が多いでしょう。

　しかし、「どこまでやればいいのか」「どこまでかかわるべきか迷ってしまう」という悩みの根本原因は、その事例の困難性だけにあるのでしょうか。

　悩む事例には、深く介入しなければいけない大変さだけではなく、援助の見立てができていないことも原因として挙げられるでしょう。そういう意味では、援助の困難さという大変さがあるからこそ、私たちは見立てをしっかり行うことが求められているのです。

どこまでがケアマネジャーの仕事？

「どこまで?」から「どうしていくのか」へ

　このような事例の場合は、一つひとつ丁寧に意識的に面接していくことが見立てを助け、援助の困難さを解消する手がかりになります。例えば、その事例を地域包括支援センターから紹介された際に、まずは地域包括支援センターからの情報をよく確認し、これから起きる課題も想定しておくように意識します。

　次に、本人と初めて会う面接場面ですが、本人との人間関係を今ここでしっかり結ぶということはこれまで解説してきたとおりです。繰り返しになりますが、利用者が打ち解けられるような笑顔やわかりやすい話し方などが求められます。そして、自分がどんな役割なのかを利用者が納得できるように伝えることが必要です。自然な会話の中から本人の希望している暮らしや望みを確認していきましょう。

　それから、本人ができると言われることと実際の生活状況の間にギャップがある場合があります。本人は何ができると思っているのかという主観的事実と、実際にできているかどうかの客観的事実を分けて押さえておきましょう。客観的事実に関連してですが、本人に了承をもらって、家全体を見せてもらうなど家の状況も確認していきます。

　冷蔵庫の中の食材に関して、洗面所での歯の手入れ、薬の管理、仏壇のお供えなど、本人から説明を受けつつも、同時にきちんと観察しておくことが求められます。

　この介入自体がまさにアセスメントです。また本人の声と現実に起きている状況のギャップが大きければ、本人の代わりに現実を認識し判断してくれる人の存在が必要になると考えるでしょう。この場合のケアプランでは、まずは本人の代わりに重要な部分に関して意思決定ができる人の存在をつくることから始まるかもしれません。その場合は、日常生活自立支援事業や成年後見制度の利用も含め、地域包括支援センターに相談することも必要になります。各自治体では、成年後見制度利用支援事業を行っている場合が多いので、慣れていなくても相談しながら進めていきましょう。

　このようなかかわりの結果、本人はケアマネジャーが来てかかわることを拒否しなくなりました。また、「ヘルパーはいらない」という本人の気持ちを尊重し、

11 こんな時どうする？ ❹どこまでかかわるべきか迷ってしまう

「ヘルパー」という言葉は前面に出さずに、お手伝いさんが一緒に来ると伝え、何度か一緒に訪問を繰り返す中で、ヘルパーの介入にも拒否がなくなってきました。援助者の訪問時には、本人が忘れてしまっても大丈夫なように、本人の見えるところに食べ物やバナナを置いておくことで少しずつ食べていただけるようになりました。訪問時はさりげなく暖房のスイッチを入れる、毛布を置いておくなどの配慮がなされました。本人が金銭管理をできなくなってきているため、成年後見の申請も地域包括支援センターと一緒に検討しています。本人の痩せも止まり、少しずつですが、体重も増え始めています。

　最初はケアマネジャーが直接的な援助に介入することがあっても、その役割は直接援助を仕事とするサービス事業所等が行っていけるように粘り強く援助していきます。ケアマネジャーは「どこまでやればいいのか」ではなく、「今は『これ』をしているが、この段取りでこのことを進めていけば、いずれこのようにしていける」という「見立て」を持って、「どうしていくのか」というかかわりへと変えていくことが大切です。

> ・「どこまでかかわればよいのか」という事例には、
> 　本人の判断および遂行能力と家族が不在などの家族機能に
> 　ついての見立てに課題があることが多く、それらは、きちんと
> 　「見立て」ができていない可能性が高いのです。
> ・主観的事実と客観的事実のギャップから、本人の権利が
> 　守られるよう、本人の代わりに意思決定できる存在をつくる
> 　動きを検討します。
> ・「どこまでやればいいのか」ではなく、
> 　「どうなるためにどうしていくのか」という
> 　「見立て」をもって介入していきましょう。

＼まとめ／

2　ケアマネジメントプロセスは面接次第

079

できていることを支える面接援助技術　COLUMN

　よくケアマネジメントを学ぶ際に、「できていないことばかりを見るのではなく『できていること』を見ましょう」と教わります。これは、問題ばかりを捉えてしまう状況への批判でもありますが、それだけではありません。この「できていること」を見るということは、本人の内側に秘められた力を捉えるということです。それは意思の力や経験による工夫などさまざまな力があります。

　しかし、これらの「できていること」を見ることの大事さはわかったとしても、把握した「できていること」を活かすという視点は持っているでしょうか。できていることから、本人の力量がわかり、それが今後の援助のカギとなります。

　例えば、朝起きてからの活動を確認してみましょう。朝起きてから日頃本人がしていること、「新聞を取りに行く」「お茶を沸かす」「仏壇に手を合わせる」といったことですが、こうした「できていること」は今後も本人らしさが発揮される部分として活かしていきましょう。「できないこと」に関しては、少しずつでもできる可能性があるのか、それをできるようにするために何をしていくのかを本人と話していきます。ここで見えてきた本人のできていることや内に秘めている力は、ケアプランに記載しましょう。

　この「できている力」の見立ては、最初の情報だけではなく、かかわりの中で見えてくることも多いのです。認知症から生じたもの盗られ妄想の方と一緒に本当に盗られているのかを確認するため、家の中で一緒に確認していくという訪問を続けるうちに、「もし私の勘違いだったとしたら、申し訳ないことをした」という言葉が出始め、その方なりに洞察が深まっ

ていったことがあります。この洞察の深まりは本人を前向きに変化させていきました。面接の力は、このできている力の見立てや変化、そして人生の参加を支えていくのです。

面接援助技術の基本

3

CONTENTS

01 ポジショニングの重要性

02 援助関係とは信頼関係

03 どんな面接にも「目的」を持って臨む

04 面接の対象者―誰と行うのか―

05 面接の構造

06 問題を見極める―何が起きているのか―

07 援助的コミュニケーション―解決主体と合意形成―

08 面接の各場面❶電話

09 面接の各場面❷来訪・訪問

10 時間のコントロール

11 早すぎる対応をしない

01 ポジショニングの重要性

POINT
自分の立ち位置を利用者に説明できますか？
専門職として組織人としての立ち位置を
わきまえましょう。

ポジショニングとは何か

　ポジショニングとは一言で言うと自分と相手も含めた「位置取り」のことです。例えば、直接相手に触れる看護や介護、リハビリテーションでもよく使われる言葉なのですが、看護職は患者さんと自身のポジショニングを適切に取ることによって、より効果的な看護を考えることができます。同じようにケアマネジメントにおける面接援助においても、相談者と援助者の位置取りを適切に取ることで効果的な援助につなげていけるのです。つまり、ポジショニングを意識することは面接においてとても重要なのです。

　ここでは、面接援助技術という視点から、援助者の立ち位置としてのポジショニングについて考えていきます。援助者がきちんとした立ち位置でいることが、相談者も「この人は何をする人なのか」「どういう立場の人で、どうして私の相談に乗ってくれるのか」ということが明らかになります。

　ケアマネジメントにおける相談援助は専門的な対人関係です。家族や友人、近所付き合いのような私的な関係ではありません。私たちは援助を行う上で居宅介護支援事業所や介護保険施設等の事業所（組織）に所属しています。そして、組織には理念があり、どんなサービスを提供していくのかという目的が存在します。私たちは、所属する組織の枠組みの中で「自分は何をする人なのか」を考えておかねばなりません。時に経営的な課題から担当件数の要求もあるでしょうし、利用者本位の質的な課題が問われることもあるでしょう。通常、こうした組織の枠

01 ポジショニングの重要性

3 面接援助技術の基本

組みから外れることはありませんので、そのことを踏まえたポジショニングを考えておきましょう。「その事業所のケアマネジャーとしての機能を果たす」というポジションが明確であれば、相談者もその枠組みで出会うことになり、お互いの関係性がわかりやすくなります。

なぜポジショニングが重要なのか

　ポジショニングをしっかり意識しないと、さまざまな課題が起きてきます。例えば、「やりすぎ」という課題を抱える場合があります。この場合は立ち位置が明確ではなく、時に家族や友人のような私的な立ち位置になってしまっていることが考えられます（76ページ参照）。逆に「事務的・かかわらなさすぎる」という課

題の場合は「仕事としてやっている」というポジショニングが強すぎて、人として相手を気遣う、心を寄せるといった感触が伝わらないのです。

　例えば、頻回に電話をしてくる利用者がいます。その電話は時間を問わずかかってきます。最初は丁寧に相談に乗っていましたが、電話は次第に回数が多くなり、だんだんと対応に疲れてきてしまいました。どうしたらよかったのでしょうか。この場合は援助者が組織の枠組みを持ち、「いつでも対応できるわけではない」ということを伝える必要があります。「この時間でないとお話しできない」というような1つの線を引くことも時に求められます。

　相談者から「ケアマネジャーが何でも『それはできません』と言って事務的で冷たい」というようなクレームを受けることがあります。この場合、組織の枠組みが強く、相手の声に耳を傾けて「できること」を考えるよりも、それは「できない」という思いが先に立ってしまうことも多いように見受けられます。

　こうしたことからもわかるように、ポジショニングを明確にするとは、単に組織の枠組みだけではなく、自分の援助者としてのポジショニングの課題もあります。つまり、援助者側の生きてきた歴史や背景が影響を与えることもあるのです。人が人を援助するという場面において、どうしても自分の生き様が無意識に表れてしまいます。そのため、私たちは自分という人間のありようについて見つめ、意識していかなければなりません。自分自身が無意識にしてしまう行為があることを認識し、援助者としてのポジショニングを育てていくことが必要なのです。

どんなポジショニングでかかわればよいのか

　あくまで私たちの持つ対人関係は専門的援助関係であり、組織の枠組みを通した関係だということを述べてきました。そのポジショニングを意識するために私たちがまず行うべきことがあります。

　それは、最初に自分のポジションをきちんと説明することです。自分の仕事について説明し、合意形成を得るために重要事項の説明や契約を結ぶことは重要ですが、ただ単に介護保険の説明をするだけではなく「ケアマネジャーの仕事」についてもきちんと説明しましょう。よく利用者本人や家族から「ケアマネジャーはサービスを紹介する仕事」と思われていることがあります。それはケアマネ

01 ポジショニングの重要性

ジャーの本質ではありません。その立ち位置では、サービスを紹介するという関係性であって、利用者の暮らしの中で生じるさまざまな問題を相談する人ではないのです。ですから、まず自分が何をする人なのかをきちんと説明できることが適切なポジショニングの"はじめの一歩"なのです。

　次に必要なことは、援助プロセスの中で援助者として適切な行動を取ることです。適切な行動とは、1つには援助の中でプロセスや役割を意識した行動ができること、そして2つめには専門的援助関係を築くための面接援助技術を駆使できるということです。

　適切なポジショニングのためには、援助者の立ち位置が側面的サポートとして位置づけられているかどうかが重要です。いつのまにか援助者が問題解決に必死になったり、早くサービスや施設につながないといけないと焦ったりしていることがよく見受けられ、そのような事例が援助困難になっていることも多いのです。いつのまにか本人の声を聴かずに、解決主体が援助者になり、ポジショニングがおかしくなってしまっているのです。

　実際の援助においては、私たちは援助者として立つために、ある一定の距離感が求められます。適度な距離感は相談者と援助者の双方が自由に自分自身を発揮できるためにも必要なものです。加えて、相談者から信頼を得られて、この人になら相談できると相手が感じられるようなポジショニングが望まれます。そうした絶妙な距離感で信頼関係を築いていくために、これから述べていく具体的な面接援助技術を身につけ、自然と発揮できるようになってほしいのです。最初は難しいのですが、実践していく中で、少しずつ面接は変わっていきます。ある日、ポジショニングの意味が自分の身体を通してわかる（体感できる）日がやってきますので、少しずつでも面接援助技術を意識して実践していきましょう。

3 面接援助技術の基本

> **まとめ**
> ・ポジショニングとは適切な位置取りのこと。
> ・まずは自分のポジション（ケアマネジャーの仕事）を説明できることが大切です。

085

02 援助関係とは信頼関係

> **POINT**
> 私たちが利用者と取り結ぶ専門的な援助関係とはなんでしょうか?
> そこには何が必要かを考えましょう。

援助関係とは何か

　ケアマネジャーと利用者・家族との人間関係とは、どんな関係なのでしょうか。まず、この人間関係の成立、つまり援助を行うために私たちは契約を交わします。その契約とは、ケアマネジャーは専門職としてケアマネジメントを行い、その対価として収入を得るというものです。つまり、ケアマネジャーと利用者・家族との間には、"ケアマネジメントを行う"という「専門的な援助的人間関係」があるのです。では、この「援助的人間関係」とは何でしょうか。

　ケアマネジャーのAさんは、Bさんの担当になりました。Bさんは脳梗塞を患った後も一人暮らしを続けています。Aさんは寂しいだろうからと毎日Bさんのところに通い、話し相手をつとめました。ところがある日、Bさんから「もう少し一人にしてほしい。迷惑だ」と言われてしまいました。
　Aさんは「せっかく行ってあげたのに」と腹立たしく思い、援助する気持ちが失せてしまいました。

　AさんはBさんの担当として援助しようという気持ちだったのはわかりますが、どうもBさんには迷惑だったようです。このように「援助してあげよう」という

図表3-1 援助関係とは?

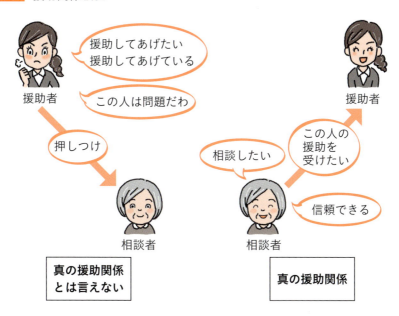

　援助者側の思いよりも、援助を受ける側が「この人の援助を受けたい」という思いになるかどうかが重要なのです（図表3-1）。
　援助者側の思いがあまりに強いと、相手は苦しくなることがあります。また、援助者側がその思いを受け取ってもらえないと感じて、AさんのようにBさんへの援助の思いが消えてしまうということであれば、それは一方的な援助の「押しつけ」であって、専門的な「援助関係」の上での援助とは言えません。
　援助において、援助を受ける側の「援助を受けたい」という実感が伴わなければ、真の意味での援助関係とは言えないのです。ケアマネジメントもそうですが、対人援助においては、援助を受ける側である利用者・家族の「援助を受けたい」という実感があるかないかがとても大切なのです。
　この実感が成立する前提として、援助を受ける側に「（この人は）信頼できる」という感覚があります。ここでも「私を信頼してください」と言うことで信頼が成立するわけではありません。かかわりを通して利用者が「この人は信頼できる」

と感じられることが大切です。それは援助を受ける中で、「ほっとした」「よかった」「助けになる」などの実感が伴い、「この人は信頼できるなあ」と感じられることです。「援助関係」とは、「信頼関係」が通い合う関係なのです。

なぜ信頼関係が重要なのか

　援助関係が信頼関係の上に成り立つのはどうしてでしょうか。利用者・家族は介護保険制度を通して、ケアマネジャーの来訪を受け入れ、ケアマネジャーの助言を受け入れ、直接的な各サービスも受け入れることで、ケアプランが実行され、そうして生活が変わっていきます。ケアマネジメントプロセスの中で、さまざまなことを本人が受け入れ、本人の行動が変容していきます。つまり、本人が「この人の言うことを聞いてみよう」と受け入れる気持ちにならなければ、ケアマネジメントは成立しないことになります。ですから、利用者・家族がケアマネジャーを信頼してみようという前提が必要なのは、言うまでもないことですね。

どのように信頼関係を樹立するのか

　では、信頼関係はどのように樹立していくのでしょうか。援助関係は信頼関係であり、援助を受ける側が援助者を信頼できると感じられることが大切だと述べてきました。しかし、相手の気持ちを「信頼できる」というように変えることは、他人の気持ちや行動を変えることなので、難しいと感じるかもしれません。

> 　Cさん（80歳）が少し弱ってきたと感じた長男さんが地域包括支援センターに相談をしました。来訪した地域包括職員のDさんは、寝間着のような格好で、だらしない印象でした。その上、話を十分に聞かないで、Cさんに「あなたは認知症ですから診断を受けましょう」と話しました。これにはCさんも長男さんも驚いてしまい、「もう帰ってほしい」とDさんに伝えました。
>
> 　しかし、Dさんは何が悪かったのか、よくわからないでいます。

3 面接援助技術の基本

Dさんのようなあからさまに人の気持ちにうとい方は少ないと思いますが、まず、利用者・家族からの信頼を得るためには、利用者・家族が安心して話しても大丈夫という身なりや態度が最低限必要です。相手から自分はどのように見えるのか、聴こえるのかを考えたことはありますか。相手からの信頼を得るためには、「相手の目線に立って感じ考えられること」が必要なのです。その上で、こちらの服装や話し方、相手の話を聴こうとする姿勢などを日頃から意識しておく必要があります。

もう1つ課題になることは、「援助者から相手を信頼すること」です。この人は自分の人生における専門家であり、自分なりの価値観と考え方をもって生きてきた人であると心から思っていることです。そうであれば、自然と「あなたはどのように思っていますか。どのように暮らしていきたいですか」と、相手の声を聴こうとするでしょう。このようにその人から見た見えようや聴こえように関心を持って「聴かせていただく」ことが重要なのです。

利用者・家族の「援助されているなあ」と感じられる関係は、援助者の「聴かせていただく」から始まると言っても過言ではありません。相手を理解しよう、聴かせていただこうという姿勢が信頼関係をつくり上げていきます。前述したCさん親子はよく聴いてくれる援助者に出会った後、「こんなに話をいろんな方面から聴いてもらえて、本当にすっきりした」と述べられたそうです。援助はサービスを入れることだけではありません。よく話を聴くこと自体が援助なのだということを私たちは心に留めておく必要があるのです。

> **まとめ**
> ・援助の押しつけは専門的な援助関係につながりません。
> ・この人に「相談したい」「援助を受けたい」という信頼関係が真の意味での援助関係と言えるのです。

03 どんな面接にも「目的」を持って臨む

> **POINT**
> 「目的」のない面接は、
> まさに仏つくって魂入れず、です。
> 「目的」を持って臨みましょう。

ケアマネジメントにおける面接とは

　ケアマネジメントは、介護が必要になった利用者本人にとってよりよい暮らしをつくるためのマネジメントを行うものです。ケアマネジャーは本人にとって、よりよい暮らしを構築するためのパートナーです。

　本人は、これまで本人なりに自分で選択しながら人生を歩み続けてきました。そして、これからも本人なりに選択しながら、自分の人生を歩み続けていきます。私たちケアマネジャーは、本人の今後の人生を一緒に考えていくために、今までの本人なりの歩みに耳を傾けていきます。そして、今後についてどのように考えているのかを聴いていくのです。

　これは、ケアマネジメントプロセスのどの場面でも同様であり、本人と話し合いながらプロセスを進めていきます。この話し合いのことを「面接」と言います。電話で話した場合は「電話面接」、事業所に利用者・家族が来所した場合は「来所面接」であり、利用者、家族の自宅にケアマネジャーが訪問した場合は「訪問面接」です。

　「面接」は、採用試験やカウンセリングなどにおいても使われる用語です。面接が日常会話や雑談と違うところは、面接者と被面接者の立場が初めから決まっていて、「情報の入手」や「選考」「治療」といった「目的」があるところです。

　ケアマネジメントにおいても、ケアマネジャーという援助者と援助を受ける利用者という立場での関係性があり、そこには本人と一緒によりよい生活をつくり

03 どんな面接にも「目的」を持って臨む

あげていくという大きな目的が存在しています。

面接にはなぜ目的が必要なのか

　ケアマネジメントの目的を達成するために、毎回の面接においても「目的」を持って会うことがとても重要です。この毎回の面接をなんとなく行っているとしたら、その援助はメリハリのない、「ただなんとなく……」といった援助になっているでしょう。よりよい援助を行えるかどうかの違いは、面接に「目的」を持って臨んでいるかどうかです。面接に目的があれば、その面接が目的を達成したのかどうかを確認し、次の訪問を意識的に計画することができるでしょう。

　そうは言っても、月1回のモニタリング訪問で、あまり状況に変化がなければ、目的を持って訪問するのは難しく、マンネリ化しがちなのも仕方がないと考える方もいるかもしれません。

　この状況を打破するには、計画書の目標が具体的であること、目的達成に向け

て段階を追ってイメージされていることが求められます。

　例えば、目標が「入浴によって清潔を保てる」といった内容だったとしましょう。この目標なら入浴ができて清潔が保てれば、目標を達成したことになります。目標を達成した後は、次にどのような計画を考えていくかが求められます。

　この例の場合、清潔を確保できたのなら、入浴時にもう少し本人ができることを考えたり、清潔を保てたことで次に本人がやりたいことを考えていく等の可能性を検討するでしょう。

　少し話が逸れましたが、もう一度面接に話を戻します。面接の目的は、計画書の目標と連動したものであり、その目標が具体的かつ段階的なものであれば、自ずと面接の目的も明確になっていくでしょう。

　計画書が具体的かつ段階的にならない場合、根本原因に知識不足があるかもしれません。それは日々の学習で補うとともに、少なくとも、毎回面接に目的を持って訪問することを意識づけしてみましょう。

面接の目的をどのように共有するのか

　面接に目的を持って臨む際、その目的を面接の中で利用者と共有する必要があります。

　ケアマネジャーのEさんから、利用者との会話が深まらないと相談を受けました。Eさんは、本当はもう少し本人のことについて話したいのに、なぜかその話にならないというのです。

　いつもどのように面接しているのかを聴いてみると、毎回天気や最近のニュースについて利用者と話し、最後に「来月も今の計画でいきますね」と伝えて、帰ってくるとのことでした。

　Eさんは、本当は本人の生活がどのように変わったのかを聴いてみたいとのことでした。でも、会話は天気やニュースの話が中心で、帰りがけにサービスの継続を伝えるというスタイルになってしまっています。どうしたらいいのかわからないと悩んでいました。

03 どんな面接にも「目的」を持って臨む

Eさんは、本人の生活の変化を把握したいという目的を持って、訪問したいと思っていました。ですが、訪問すると、そうはならずに、毎回世間話のような話をして、帰ってきています。

このような場合、目的をどのように達成していけばよいのでしょうか。そのためには、訪問の目的を持つだけではなく、本人と今日の訪問の目的を共有するのです。具体的には訪問の最初に今日の訪問目的を伝えてしまうのです。

例えば、「今日は、デイサービスを利用されたことによる、生活面や身体面での変化を確認させていただきたいと思います」「今日は計画に沿って、目標が達成されているかを一緒に見直してみたいのですが、よろしいでしょうか」などです。

援助困難になってしまった事例の中には、訪問の目的が家族と共有できていなかったために、引き起こされていたものがありました。その事例ではケアマネジャーの役割がサービスを斡旋する人だという誤解があったことが原因でした。

面接に目的を持つことは、ケアマネジャーの役割を利用者・家族と共有することにつながるのです。また、ケアマネジメントの目的を達成するためにも、重要な面接援助技術と言えるでしょう。一つひとつの面接に目的を持ち、目的を共有しながら会うことは、利用者・家族と共に歩むことを助けるでしょう。そのかかわりがよりよい支援につながっていくのです（140ページ参照）。

- 面接には、必ず目的を設定しましょう。
- 目標を具体的にしていくと、毎回の面接目的が明確になります。
- 「面接の目的」は面接の最初に利用者・家族と共有します。

04 面接の対象者
―誰と行うのか―

> **POINT**
> 誰となんのために会うのか、意識していますか?
> 面接の対象者や目的についても毎回考える
> 必要があります。

面接は誰と行うのか

　ケアマネジメントでは、利用者本人のよりよい暮らしを支えることが最大の目的です。面接はまずは本人と行うことになりますが、本人のよりよい暮らしを考える上では、家族の生活や心情にもアプローチが必要となります。また、時には地域の人が重要なかかわりを持っていることもあるでしょう。介護サービスの担当者とのかかわりもあるかもしれません。

　このように、ケアマネジメントは多くの方とのかかわり・コミュニケーションを取ることで成立し、進んでいきますので、「面接は誰と行うのか?」と問われれば、当然本人・家族とであり、さらに地域の人や介護サービスの担当者、ということになります。つまり本人の援助に関係するすべての人が面接の対象者になるのです。

面接の対象者の選定を考える

　面接の対象者は本人にかかわるすべての人が対象になりますが、では、どんな時に誰と面接するのでしょうか。最初は、ニーズを持っている人、あるいはニーズを持った人が誰かに頼んだ場合もあるかもしれません。最初に出会う人が必ずしも利用者本人や同居家族ではない場合もあります。いずれにせよ最初に出会う面接はとても重要です。「○○な人がいて困っているようだ」という電話での相談

04 面接の対象者

3 面接援助技術の基本

が入ってきても、当事者は何も問題を感じていない場合もあります。ですが、この最初の電話面接では、その電話をしてきた人が何を問題と感じているのかを確認していきます。この状況を心配している、あるいは困っていて「どうにかしてほしい」と思っている人は誰なのか、その人が感じている問題の早急性や深刻さから現状を概ね確認することもできるでしょう。この段階では、次に誰と面接すれば、最も抵抗なく、本人や家族に出会うことができるのかを考えていくことになります。

居宅介護支援事業所に地域包括支援センターから相談がありました。

　　家に帰ることができずに警察に何度か保護されたFさんのことで、長女さんが相談してきたというものでした。長女さんは、Fさんを同居の夫が助けているものの、夫自身も病気がちで共倒れにならないかを心配をしています。しかし、夫は、「今は何も助けはいらない」と言い、介護保険の申請だけはしぶしぶ了承したものの、サービスの利用は拒否していました。長女さんからは、サービス導入には時間がかかるかもしれないが、「長い目で一緒に考えてくれる人に継続的に相談に乗ってほしい」という希望があり、当該居宅介護支援事業所へのケース依頼となりました。

　この事例の場合、地域包括支援センターからの電話相談であり、すでに地域包括支援センターからのケース依頼面接になっています。そして、これから先、誰とどのように面接していけばよいのかを考えていくことになります。もう一度地域包括支援センターの担当者と話し合って、居宅介護支援事業所がかかわる必要性を確認したり、あるいは、長女と会って状況を確認したり、さらには、夫にサービス利用を拒否する理由を確認したりといったことが想定できます。また、自宅に訪問することを考えたり、警察に保護の状況を確認したいと思うかもしれません。これらすべてが「面接」を通じて行われます。

　すべての面接の可能性を考えながら、本人や家族が抵抗なく、一番自然な流れで出会えるように考えていきます。Fさん本人にいきなり会っても「なぜ私に会いに来たのか?」と怪しまれるかもしれませんし、夫に会っても「そうやって説得したいのか」と拒否されるかもしれないのです。

　このように考えていく場合、「誰がニーズを持っているのか」が大切になります。この事例の場合は長女さんが相談をしてきており、「両親が心配で相談をした」という明確なニーズを持っています。地域包括支援センターが居宅介護支援事業所に電話をしてきているので、センターのほうでもこの事業所に依頼したいというニーズを持っているかもしれません。つまり、この事例の場合は、地域包括支援センターのニーズを確認しながら、この事例を担当することになれば、まず最初に長女さんと面談するという選択肢が出てくるわけです。このように、面接の対

04 面接の対象者

象はかかわっているすべての人となりますが、「今、誰と面接をすべきなのか」は状況に合わせて毎回考える必要があるのです。

なぜその人と面接したのか

　ケアマネジャーは時間も限られ、日々忙しく働いている状況です。効率的で効果的な面接であれば、かかわる時間も適切になり、ケースも展開していきます。そのためには、前述のように毎回の面接において、次の面接は誰と何のために会うのかという方向性を考えるとよいでしょう。

　毎回この面接は誰と何のために会うのかを考えて面接していると、その面接対象を選んだ意図が明確になっていきます。

　事例検討などで事例を一緒に見ていく際に、事例の内容と共に、その経過を確認することがあります。その場合、ただ自宅に訪問をして利用者と会ったという面接では、ケアマネジャーの意図が見えません。この時はこういう意図で家族に会い、次に本人と会い状況を確認したなど、面接の対象や目的を伝えられると、ケアマネジャーが意識的に面接しているのが伝わってきます。

　ケアマネジャーはケアマネジメントプロセスを遂行していくわけですが、そこで起きる毎回の面接を意識的に行っているか、いないかによって、事例の展開は変わっていきます。常に目的とその根拠を意識して面接を構成していきましょう。

- ・面接の対象者は本人にかかわるすべての人です。
- ・どの場面で誰と面接すれば今後の面接展開に効果的かを考えましょう。
- ・このタイミングでその相手と面接する根拠を説明できるように、自分なりの考えを持って面接にあたりましょう。

まとめ

05 面接の構造

POINT
ケアマネジメントの構造と
面接の構造について確認しましょう!

ケアマネジメントの構造

　構造とは一般的に「成り立ち」や「骨組み」のことですが、ここでは「枠組み」として捉えます。つまり、ケアマネジメントには構造＝枠組みがあるということです。通常、人と人が出会う場合は、枠組みがなく、何もかも自由です。一方で、心理的な治療などでは、必ず時間や場所、約束事など枠組みを設けます。その枠組みがあるから、他人には話さない胸に秘めた深い話ができるわけです。この枠組みには、基本的なものとして、❶時間、❷場所、❸料金、❹担当があります（この４つ以外にもありますが、基本的なものとして例示：図表３-２）。いつ会うのか、どこで会うのか、その料金はどうなっているのか、担当は固定なのか、どのような関係なのかなどといった枠組みを前提に会うわけです。

　ケアマネジメントにおいても、時間や場所という点では、月に最低１回は自宅に訪問するという枠組みがあります。また、担当者が固定されます。こうした枠組みがケアマネジメントの基本構造としてあるのです。この構造が利用者とケアマネジャーという関係性を維持し、援助を円滑にしていくために作用していくのです。この構造（枠組み）が構築されていることが援助の基本になります。

面接の方法における構造

　面接の方法においても、枠組みがあります。最初から決まった質問をその項目

05 面接の構造

図表3-2 基本的な4つの枠組み

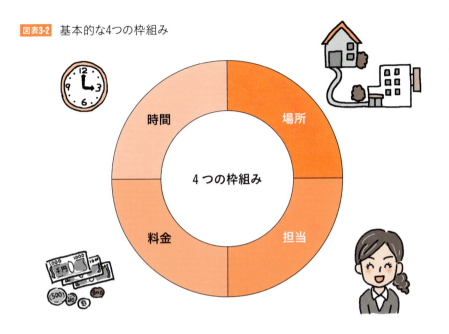

　の流れに沿って質問していくというように、決まった枠組みを持った面接を「構造化面接」と言います。また、決まった質問シートやマニュアルを使わず、自由に会話しながら進める面接を「非構造化面接」と言います。

　ケアマネジメントにおいてアセスメントを行う際にはアセスメントシートを使って確認するという枠組みがあります。しかし、その項目から「その時はどう思われたのですか」「もう少し詳しく教えてください」など自由に質問することで広がりを持つことも面接場面では生じてきます。このように枠組みがありながらも、自由に会話するというような面接を、構造化面接と非構造化面接の間である「半構造化面接」と言います。つまり、ケアマネジメントにおいては、各々の場面で目的に合致したシートでの質問をしながらも、状況に応じて関連した質問や、より深めていく質問を自由に行うことからも、半構造化面接をしていることが多くなります。

　シート等を使うことがあっても、自由に質問するという、いわば「自由な会話」を行うことは、必ず生じます。つまり、自由度が高くなる分、援助者側のスキルを磨いておかないと、効果的な面接にならない可能性も高くなるわけです。それ

だけ「自由に会話する面接」は、高度なスキルが要求されるのです。

　私たちが「面接は難しいもの」と捉え、面接援助技術を学ぶ必要性を感じる理由がここにあります。どんな場面においても、援助的コミュニケーションを実践していくために、面接援助技術を考えていく必要があるのです。

構造を意識する意味

　ケアマネジメントにおいても、面接においても、一定の構造があることをお話ししてきました。この構造は、利用者・家族とケアマネジャーという援助関係をつくり、ケアマネジメントの目的を達成する土台である援助の枠組みをつくっています。私たちがこの枠組みをきちんと持っていることで、ケアマネジャーと利用者という関係性を維持し、ケアマネジメントを展開していくことができるのです。

　援助を展開していく中で、時に「利用者に食事を誘われたのだが行ってよいのかどうか」というような課題にぶつかる場合があるかもしれません。これを受け入れると、今まで述べてきたような援助としての構造が崩れかねません。フォーマルな関係性にインフォーマルなものが介入するので、考えさせられる場面です。

　心理面接や治療面接のように援助の構造をしっかり持っている場合は、相談者が「援助者を食事に誘う」提案をしてきたという行為自体、「本人に何が起きているのか」という心理的理解の一助とすることもあるでしょう。また、広義の福祉的な視点として、あえて飲食を共にすることで援助者・被援助者という枠組みを壊して、同じ生活者としての視点で出会おうとする場合もあるでしょう。

　しかし、どの場合も、援助関係が続く限り、面接という枠組みがなくなることはありません。つまり、どこまでいってもこの援助関係においてはこの枠組みがなくなることはないのです。

　ケアマネジメントの構造を理解し、面接での構造を意識しておくことは、お互いの立ち位置を明確にするでしょう。そのことにより、援助自体を進展させ、お互いの領域を守ることにもなるのです。

05 面接の構造

まとめ

- 枠組みには「時間」「場所」「料金」「担当」といったものがあります。
- ケアマネジメントにおける面接は、半構造化面接を用いて自由に話すことも多く、高度なスキルが求められます。

3 面接援助技術の基本

援助者側の背景や歴史が与える影響力　COLUMN

ケアマネジャーのGさんから次のような相談を受けました。

ある事例においてGさんは、「どうしても自分自身を出せずに、受け身になってしまい、いつのまにか利用者本人の顔色を気にするようになってしまっている」というものでした。利用者はなんらかの援助は必要なものの、自分の考えをしっかり示す女性でした。見方を変えると、言い出したら聞かない、いわゆる「頑固な人」だったようです。そこで「この利用者さんのような人はあなたの近くにいませんか?」と尋ねたところ、しばらく考えた後、「母親にそっくりだ」とつぶやきました。Gさんは母親との関係においてもつい母親の顔色を見てしまうところがあると言いました。

私たちもさまざまな背景や歴史を持つ人間として、その背景や歴史に少なからず影響を受けています。それが対人援助という人間関係にも影響を及ぼすことを知っていることが重要です。この事例の場合、母親との関係性から無意識に影響を受けていたのですが、そのことに気づいたことで、「利用者は母親ではない」と母親と利用者を分けて考えられるようになりました。また、自分はこのような性格や雰囲気の人には影響されることがあると気づいたので、自分の反応に気づきやすくなり、切り替えができるようになったと話されました。

06 | 問題を見極める
―何が起きているのか―

POINT
面接において問題を見極めるために、
どこに焦点を当てて話を聴くべきでしょうか?

問題とは何か

　面接援助とは、ただ技術を使ってあいづちを打ったり、要約をすればよいというものではありません。私たちは援助の専門家として、相手が抱えている問題を理解し、よりよい状況へと援助することが求められています。そのためには、「どこに焦点を当てて相手の話を聴くのか」ということが問われています。

　目の前に現れる人は、なんらかの課題や問題を抱えています。焦点立ててきちんと聴くために、この「問題とは何か」を明らかにしておきましょう。それには、問題解決の考え方が役に立ちます。

　問題解決思考においては、「問題」とは、本人の現在の状況(現状)と、ありたい姿(目標・解決像)との間にあるギャップだと言われています。つまり、「問題」とは、目標があるのに現状はこうなっているという結果なのです。

　一般的に「問題」というと、困ったこと、厄介なこと、思うようにならないこと、トラブル等が思い浮かぶでしょう。では、「解決」とはなんなのでしょうか。簡単に言えば、「解決」とは「問題が解消された状況」です。その「解決像(解決された状況)」は一人ひとり違います。つまり、一人ひとり違う「現在の状況」と「解決像」を捉えてこそ、「問題」が見えてくるのです。

　「問題」と「解決像(解決された状況)」は、相談をしてきた相談者が持っています。つまり、援助者である私たちが、解決に向けて「問題」を捉えるためにすべきことは、相談者にとっての「現状」とはどういう状況か、「解決像」をどのよう

図表3-3 現在の状況と解決像

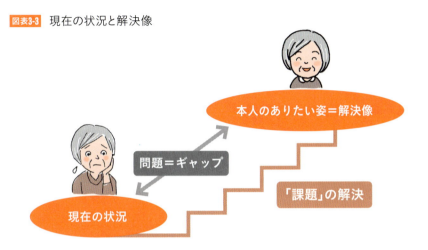

に思い描いているのかを聴くことなのです。その人にとっての「問題」を明らかにするために、現状と解決像を確認していくことが求められているのです（図表3-3）。

問題を見極めるプロセスの必要性

　相談者の問題を解決するためには、問題解決のプロセス（過程）が重要になります。問題を見極める過程の中で、相談者は「わかってもらえた」という実感を持つでしょう。つまり、問題となっている「現状」や「解決像」を聴き、その人にとっての「問題」を明らかにしていく過程において信頼感が生まれるのです。「問題」が明らかになればなるほど、援助者にとっても相談者と一緒に向かっていく「解決への階段（ターゲット：課題）」が明確になってきます。もしかするとその「課題」は自分の援助分野では解決できない問題だとわかるかもしれません。その場合は、それを解決できる専門家を紹介すればよいでしょう。あるいは、問題解決への階段が明確になれば、解決への具体的な方法が見えてくるかもしれません。

　「どのように聴くのか」という面接援助の1つの極意は、この問題を明らかにする過程を意識的に行うことです。専門家として「聴く」ということは、ただ聴くのではなく、意識的に「聴く」ことなのです。

どのように問題を見極めるのか

「問題」の見極めに際し、以下のプロセスを経ていきます。

❶まず「現状」を伺います。

> 「今日はどうなさいましたか」「どんなことにお困りで来てくださったのでしょうか」「よろしければお聴かせいただけますか」

このような言葉かけを行うと、相談者は話し始めます。援助者は、この段階で、相談者の「困っている現状」を確認していきます。この段階での援助者側からの解決策は、たとえ有用な場合であっても、多くの場合役立ちません。まだ、解決策を提示する時期ではないのです。ケアマネジメントプロセスで言えば、アセスメント時期なのです。問題解決的に言えば、問題を明らかにする始まりなのです。まずは、相手の抱えている現状を、情報収集し確認しましょう。この現状を理解するために質問し、状況とそれにまつわる感情を受け止め、要約します。

❷次に、相談者の考えている「解決像（解決された状況）」を確認します。

> 「では、それについては、どうなればよいとお考えでしょうか」
> 「どうなることを望んでおられますか」

このような質問を通じて、相談者が思っている解決像（「ありたい姿（目標）」）を確認していきます。最初の困りごと・現状が確認できれば、次に相手の考える「ありたい姿」を確認してみましょう。実際にこの質問をすると相談者が熱心に話してくださることが多いのです。この「どうしていけばよいとお考えですか」と適宜尋ねていくやりとりは、その問題を「援助者が解決する」のではなく、「相談者が自分の力で解決していく」援助へとつながっていきます。

❸最後に必ず、現状とありたい姿を明確に提示し、問題を共有しましょう。

> 「このようなことで困っておられたのですね（現状）。それがこうなればよいと思っておられるのですね（ありたい姿）。そのためには、このことを解決したいと思っているのですね（問題）」

この応答は❶❷の要約になります。この共有の中で、問題解決が具体化され、

次の段階まで話される場合も少なくありません。❶❷❸を通して、「何が起きているのか」という問題が明確になれば、援助の見通しが見えてきて援助の半分は終了したと言えるでしょう。このプロセスにぜひチャレンジしてみましょう。

> **まとめ**
> ・問題を見極めるために、現状を確認し、解決像を確認します。
> ・問題を見極めるプロセスは、問題の解決プロセスも具体化します。
> ・問題を明確にし、共有することで、援助はよい方向に展開していくでしょう。

本人の力 ―自立の一場面― COLUMN

　夫が死亡し、認知症を患っている妻が残された事例がありました。
　遠くに住む長女は「母には施設に入ってもらうしかない。でもかわいそうだし、どうすればよいのか……」と悩みをケアマネジャーである私に相談していました。
　その時です。死んだ夫の遺体から離れようとしなかった妻が、長女と私のもとにやってきて、「私を施設に入れてほしい」とはっきりと話されたのでした。その声からは、本人なりに精一杯の「迷惑をかけたくない思い」が伝わってきて、長女と私は涙を流しながら聴いていました。
　その時、私は大きく反省をしたのでした。「認知症だからといって、本人を『自己決定できる人』と見ていなかったのではないだろうか」と。この状況が私に本人の力を見せてくれたのでした。
　そのことをきっかけに、長女は、本人に夫と暮らしたここでの生活をできるだけ続けさせてあげたいと心が決まり、本人と一緒に今後について話し合いました。その後、長い間、その方はヘルパーやデイサービスを利用しながら、自宅で暮らすことになったのです。

07 援助的コミュニケーション
―解決主体と合意形成―

POINT
専門職が行うべき援助的コミュニケーションについて押さえておきましょう。

援助的コミュニケーションとは何か

　一般的なコミュニケーションとは異なり、私たちは専門職として、問題解決に至るコミュニケーションを行います。前項で、問題を見極めるプロセスは解決のための援助を具体化し、促進することをお伝えしました。ここでは、この思考プロセスとともに、どのようなコミュニケーションを取ることが援助的になるのかを考えていきましょう。

　援助的コミュニケーションを考える上で、まず押さえておくべきことは、❶問題解決の主体者は誰か、❷相談者あるいは当事者が自己解決に向かうこと、❸相談者には問題解決できる力がある、という信頼が援助者側にあること、以上の3点です。問題解決の主体者である当事者が、その問題をどう受け止め、どのように解決に向かって歩まれるのか、それに対する絶対の信頼を持って援助者は援助することになります。

　ケアマネジメントでは、問題を抱えているのは本人でも、問題と感じているのは、近くにいる他者である場合があります。高齢期や障害を抱えた人の場合、近くにいる家族や友人等、他者からの発信が多く見受けられます。この最初に発信してきてくださった方は、一番問題を感じている人でもあります。感じた問題の解決を願っている人でもあり、問題解決の協力者になっていただくことも多いでしょう。相談してきた方が感じている課題も、大切に聴いていきたいものです。

　援助的コミュニケーションを理解しやすくするために、ここでは問題を抱えた

本人が相談に来た場合を想定して考えていきます。

問題を抱えた本人と最初にお会いした時は、問題に悩み、小さくなり、どこか元気がなく、後ろ向きな発言が多いといったようなパワーレスな状況かもしれません。それでも、現状やこうありたい姿などを共有し、話を聴いてもらえるといった実感が、その人を少しずつ元気にしていくことがよくあります。

援助者は、問題を抱えた本人が今は元気がなくても、必ず本人なりの選択をして、歩んでいくという信頼を持って出会っています。ですから、本人の現状やありたい姿を聴き、どのように解決に向かっていくのかを聴くことが重要です。

援助者は、地域資源や制度、方向性についての提案を行う場合があります。そうした時に「このような制度が使えるとこの点でよいと思いますが、Aさんはどのように思われますか」など、相手の考えや選択を確認しましょう。どこまでもAさんがどのように受け止め、歩まれていくのかというプロセスに寄り添うことが重要なのです。このことを意識すると、私たちの援助のスピードが早すぎることに気づくかもしれません。待つことの大事さを相手との協働作業によって学んでいきましょう。

こうして「話を聴き、共感し、そして寄り添う」という対応や協働作業を通じて行っていくコミュニケーションが援助的コミュニケーションとなるのです（図表3-4）。

図表3-4 援助的コミュニケーションの構図

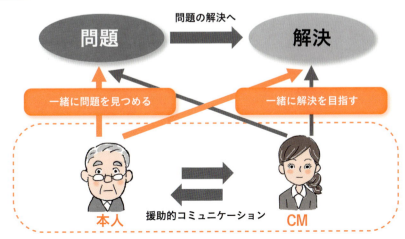

なぜコミュニケーションに注目するのか

　問題解決思考においてもコミュニケーションにおいても、本人主体の理念が通っています。面接援助技術でも、本人とのコミュニケーションにおいて、本人主体を貫いていきます。

　コミュニケーションでは「ことば」を使います。聖書のヨハネによる福音書に「はじめにことばありき」と書かれているように、「ことば」によって、情報が共有され、自分自身が感じていることが明らかになっていきます。「ことば」によって、私たちは自分の内側の思いも整理することができるのです。また「ことば」によって他者の思いを理解することができます。「転倒した」という「ことば」を聴くことで、経験していなくても身体感覚として「転倒して痛かったのでは」と感じます。親子であればもっと近しく感じるでしょう。子どもが母親に「転んで痛かった」といえば、「痛かったね」と我が身のように感じることもあるでしょう。母親にはその経験がなくても、「ことば」により、それを感じ取ろうとする共鳴が起きるのです。

　このように、「ことば」には情報を伝達し共鳴する力があります。同時に起きた事象を「ことば」にして発することで、整理していく過程が起きるのです。このように、「ことば」によって、情報を伝達し、二人の間に共鳴が起きながら、同時に話しながら、整理するプロセスが起きるのです。

　コミュニケーションに着目するのは、関係をつくり、問題を解決するプロセスを共有する土台がコミュニケーションにあるからなのです。そして、本人自身が自分自身で考え、歩むプロセスが起きるためには、コミュニケーションが援助的である必要があります。

どのようなコミュニケーションが望ましいのか

　では、どのようなコミュニケーションが援助を促進するのか、具体的に考えていきましょう。ここでは、援助的コミュニケーションの構造について示しておきます。この構造がわかった上で、面接援助技術を駆使すると、実際に動きがイメージしやすくなるでしょう。

07 援助的コミュニケーション

基本的に、援助的コミュニケーションとは、合意形成を取り続けるプロセスです。それは、1相手に質問する→2相手が答える→3相手が言ったことを確認する→4相手に承認される→5合意が形成、共有されるといったプロセスです。具体的な会話の例としては、以下のようになります。

> 援助者　「（あなたは）どのようなことで、ここに来てくださったのですか」
> 　　　　（質問）
> 相談者　「どうしていいのか悩んできたことがあるのです」（答え）
> 援助者　「どうしていいか悩んでこられた……」（確認）
> 相談者　「そうです。どうしていいかとずっと悩んできました……」（承認、
> 　　　　表明）
> 援助者　「ずっと悩んでこられたんですね」（確認）
> 相談者　「そうなんです。どうしていいかがわからなくて、実は……」（承認、
> 　　　　表明）

私たちは、初回の相談の際は、相談の始めに「どうされましたか?」と質問することが多いでしょう。

あるいは、アセスメントの場面でも「介護が必要になった状況を教えてください」と質問します。このように「質問」をして、相手に状況を聴かせてもらうのですが、その答えを聴いたら、「あなたの言っていることは、こういうことですね」という確認をしないと、一致しているかどうかわかりません。

相手が誰であれ、相談してきた人の声を傾聴し、その人の思いを尊重します。質問することで答えてもらい、その答えを確認し、「そうなんです」と合意形成を図り続けていくプロセスが、基本的な援助的コミュニケーションの構造なのです。

まとめ

質問し、答えを得て、確認し、
承認を得て、合意を形成し共有していく。
このプロセスが援助的コミュニケーションです。

08 | 面接の各場面❶ 電話

> **POINT**
> 面接は、電話、来訪（相手が事務所に来る）、訪問など、さまざまな場面で行われます。
> 各々の場面の特徴と留意すべきことについて確認していきましょう。

電話面接の特徴

　電話面接の特徴は相手が見えないことです。相談者とお会いする面接では、多くの情報が視覚情報で入ってきます。全体から受ける雰囲気、表情、服装、化粧をしているかどうかなど、多くの視覚情報が私たちに多くの判断をさせています。例えば、「この人は少しくだけた雰囲気で話したほうがよさそうかな」「丁寧にお話しないといけないな」などの判断も、この視覚情報からの第一印象によるものが大きいでしょう。

　相手が見えないということは、相手にまつわる情報は受話器から聞こえる声に頼らざるをえず、それは相手も同じ状況です。つまり、電話という手段は「声」に頼る部分が大きく、「声」がもたらす「表情」が大切なのです。

　例えば、「はい、○○居宅介護支援事業所です」という電話を受けた際の一言でも、印象が伝わってきます。「はつらつとしている」「優しそう」「こわそう」「若い声だ」など、声しか聴いていないのに、聴いた側に判断が起きるのは、皆さん自身も体験しておられるでしょう。

　つまり、電話相談では、聴覚情報に頼るので、❶相手の声の表情に耳を傾けること、❷こちらの声の表情が相手に相談しやすいと感じられること、という2点に意識的になる必要があるのです。

08 面接の各場面❶電話

3 面接援助技術の基本

よりよい電話相談のために

電話の特徴は、相手が見えないことなので、相手に与える声の表情を意識的に訓練しましょう。

❶相手の声から推察した情報を書き取ってみる

まず、相手の表情に耳を傾けることを意識的に行いましょう。その訓練として、電話を取った際に、どんな印象を感じるのかを書き取ってみましょう。優しそうか、きちんとしているかなどの雰囲気だけではなく、声がもたらした相手の雰囲気や推察した年齢や職業も含め、感じたもの・推察したものをすべて記載してみましょう。この訓練では、声から感じたものを書き出すことが重要です。電話口から聴こえる声だけで、これだけの推察が起きるのかと驚くかもしれません。相手からの聴覚情報がさまざまな情報をもたらすことに気づくと、自分の声も相手

にそれだけの情報や推察をもたらしていることに気づくでしょう。この気づきは、自分がどのような声で話せばよいのかを考える訓練になります。

❷こちらの電話対応を録音する

こちらの電話対応の表情が相手に相談しやすいと感じられるために、自分の声を録音して聴いてみるとよいでしょう。自分の電話対応を聴くことで、「自分はこんな声をしているのか」「こんな感じが相手に伝わるのか」というように、多くの気づきがもたらされます。自分の声を聴くのは、客観的に自分を見直せるので、とてもよい訓練なのです。

❶で相手の声から感じ、推察したように、自分の声でも感じ取ってみましょう。自分の声がもたらす印象は「相談しやすかった」でしょうか。続いて「相談しやすい」印象はどんな声がもたらすのかを考えてみましょう。

❸いろんな声・話し方で表現する

「はい、〇〇居宅介護支援事業所です」「少々お待ちください」という応答でも、声の表情で印象は全く変わってきます。相手に感じてもらいたい声をイメージして、電話に出てみましょう。相手がホッとするのは、どのような声や話し方でしょうか。まず相手にはっきりと聴こえるように話します。あまり早すぎず遅すぎずに落ち着いた声を出してみましょう。声のトーンも高すぎず低すぎず、相手を思う気持ちで声を出してみましょう。

これも録音し、聴きながら調整をしていきましょう。

声や話し方は、相手とのコミュニケーションが円滑にいくかどうかを大きく左右します。つまり、電話相談は、声の抑揚や間、声の強弱、速度、明瞭度、ペースやトーン、声色など、聴覚に伝わるさまざまな要素を複雑に使い分けながら、対応していきます。しかし、それは単なるテクニックではありません。根底にある意図は、相手に伝えたい情報はできるだけわかりやすく伝え、そして、こちらの心を伝えていくものです。

08 面接の各場面❶電話

初回の電話相談

　初回は電話相談で始まることが多いでしょう。初回は特に相談者が緊張しています。こちらの声や話し方が、相手をリラックスさせることで、必要な情報を的確に共有し、課題を一緒に考えていくことを容易にさせるでしょう。初回は、次の訪問の予約まで話が進むことも多いものです。

　次回お会いすることが緊張せず、受け入れやすくなるようなかかわりを初回の電話相談でつくっておきましょう。そのためにも、先に述べた声を意識的に表しながら、同時に相談者の相談した内容や気持ちをきちんと受け取っていきます。面接援助技術として、「このようなことでお電話くださったのですね」と要約した確認を入れてみましょう。そして、「だいぶ疲れておられたのですね。その中でもお電話してくださったのですね」と、この状況に悩んでこられた思いを受け取り、ねぎらいを伝えます。最終的に訪問の約束となった場合は、訪問に際してのお茶等の配慮や掃除等の準備は不要であり、そうした気遣いは無用であると伝えておきます。できるだけありのままでお会いしたいことや、こちらへの配慮がいらないことを伝えることで、相談者の負担を軽減することにつながります。その際も柔らかい声のトーンで丁重にお伝えしていきます。

　電話相談は、一緒によりよい援助を考えていく最初のコンタクトになることが多く、相手が見えないことからも、より丁寧にかかわることが求められているのです。

・電話では声や話し方が相手に印象を与えます。
・電話では特に温かい話し方で、相談内容や気持ちを確認し、合意形成を得ましょう。
・電話という相手が見えない状況でも信頼関係を形成することができるのです。

まとめ

3
面接援助技術の基本

113

09 面接の各場面❷ 来訪・訪問

POINT
実際に会って行う面接には、事務所に来ていただく場合と自宅等へ訪問する場合とがあり、それぞれ押さえておくべきことがあります。

相手が感じる言語・聴覚・視覚情報を一致させる

　相談者と実際に会って面接するのは、主に、相談者が事業所に来訪する、逆にケアマネジャーが自宅等を訪問する場合でしょう。相手とお会いするということは、電話と違い視覚的にも多くの情報を共有します。

　来訪や訪問で「会う」という行為にはメラビアンの法則が参考になります（19ページ参照）。人の第1印象には、見た目などの視覚情報が55%、口調や話す早さ等の聴覚情報が38%、話の内容等の言語情報が7%の影響を及ぼすというものです。そして、これらの各情報が矛盾すると相談者は混乱します。例えば、不機嫌な顔で優しく「一緒に考えていきましょう」と言われても、視覚情報と言語情報がバラバラであるために、相談した側は安心できません。ここで重要なことは、視覚情報・聴覚情報・言語情報が一致していることなのです。

　相談援助の目的を簡単に言えば「あなたの抱えていることを一緒に考えていきたいと思います」ということでしょう。つまり、言葉でそのことを伝える言語情報、言葉の口調や早さ等の聴覚情報、顔の表情や服装といった視覚情報がすべて一致して初めて、「あなたのことを一緒に考えていきたいと思います」という思いが相手に伝わるのです

　面接援助技術とは言葉のやり取りをどのようにするかといったことに集約されがちですが、言語情報だけでなく、聴覚情報、視覚情報といったこれら各々の情報がどのように伝わるのかに気遣いを持って、日頃から整えておくことでもあり

09 面接の各場面❷来訪・訪問

3 面接援助技術の基本

言語・聴覚・視覚情報のズレと一致

ます。

　会って話をするのがケアマネジャーの業務の主軸です。会って話をする際の視覚・聴覚・言語の各々の情報をどのように整えておくのか、この詳細については第4章で解説したいと思います。

面接の各場面での留意点

　一口に面接といっても、相談者の来訪とケアマネジャーの訪問では状況が異なります。来訪・訪問の各場面での基本的な留意点を確認しておきましょう。

❶事業所等への来訪：相談者が来訪する時

　事業所に相談者が来訪する時は、約束しての来訪、あるいは、突然来訪されることが多いでしょう。地域包括支援センターでは、なんらかの課題を抱えて突然

来訪されることがほとんどです。居宅介護支援事業所においても、初回相談として来訪されたり、自宅では話せない内容を抱えて突然来られることがあるかもしれません。

　来訪の場合は、とりわけ相談者の側が「相談したい」というニーズを色濃く抱いていることが多いでしょう。この「相談したい」という思いを、面接終了時には「相談できた、相談できてよかった」へと昇華することが求められます。時には、相談を受けた事業所では、その問題を扱えない場合があるかもしれません。それでも今後どこに相談に行けばいいのか、どういう方向に進めばいいのかだけでもそこで整理することができれば、それは「相談できた」ということになるでしょう。

「相談者が抱えてきた課題を話せること」「しっかりと聴いてもらえること」「方向性が見えること」の3点が来訪では特に求められます。そのためのベースとして「話しやすさ」や「聴いてもらえると感じられる状況」を整えておきましょう。

　初めての来訪で、何らかの課題を抱えて来訪した相談者は、初めて相談に来たという緊張感とともに、「ちゃんと聴いてもらえるのか」「これからどうしたらいいのか」という2つの不安感を抱えているでしょう。相談者が抱えているその不安を理解し、それを緩和できるように、まずは、相手に与える視覚情報、聴覚情報、言語情報を整えておきましょう。

　また、来訪の場合は、相談者自身の視覚情報だけではなく、相談に来ていただく事業所自体の雰囲気も伝わります。事業所全体の整理整頓や接遇といったことにも日頃から配慮しておきましょう。

❷自宅等への訪問：援助者が訪問する時

　自宅に訪問する場合は、約束をして自宅に行く、相手に了解なく突然に訪問するといった2点が考えられます。本人がかかわりを拒否している場合等は、了解なく突然に訪問することが多いでしょう。その場合は、特に相手に与える視覚情報は、最初に入る情報であり、整えておかなければなりません。自宅に訪問する際には、清潔感があり、安心できる印象を与える服装や態度を心がけましょう。

　また、訪問時には相手を理解する上で自宅の観察は必要になります。自宅の間取りから、利用者の動線や部屋の匂い、家具や物品等に注意を向けます。これら

の情報はあくまで本人の援助のために使うものです。その家の批判をするためではありません。それらの情報が本人の暮らしにどのように影響しているのか、そのことをどのように活用し、改善していく必要があるのかといった視点で考えます。訪問時にじろじろと見ることも相手に不愉快な印象を与えます。見せていただきたい箇所は「いつもどのようになさっているのかを知りたいので、トイレを見せていただいてもいいですか」など明確に伝えましょう。きちんとした説明をした上で依頼をすれば、応じていただけることがほとんどです。あまり変な遠慮をしないで、お願いするところは丁寧にお願いし、見せていただいた後には「ありがとうございました」「この点はこのようにすると動きやすくなるかもしれませんね」といったように相手にとって利益をもたらす視点でかかわっていきましょう。

- 「あなたのことを一緒に考えていきます」という目的に向かって、相手の感じる視覚情報・聴覚情報・言語情報を一致させましょう。
- 来訪時のために事業所の環境も整備しておきましょう。
- 訪問時はおもてなしの配慮はしないでもらうように伝えましょう。
- トイレや風呂場等、プライベートな場所も遠慮せずに、確認する意図を伝えながら、見せてもらいましょう。

まとめ

10 時間のコントロール

> **POINT**
> 面接の時間を充実させるために
> 必要な視点を学びましょう。
> 時間をコントロールするためには、援助者が
> 常に意識的に援助することが大切です。

時間の管理は量と質の両方で考えていく

　面接では、時間の管理はとても重要です。もちろん長さといった量的な面でもそうですが、質的な面も考えていく必要があります。長ければよいとか、逆に短ければよいというような単純なものではありません。2時間も面接したのに、相談者から「あっという間に時間が過ぎた。いろいろと聴いてもらえてとてもよかった」と言われることもあれば、20分ほどの会話だったのに、終わった後に大変な疲労感を感じる場合もあるでしょう。つまり、「適切な時間」を推し量るには、単純な時間の長短ではなく、その時間が協働の達成をもたらすものであったかどうかが大切なのです。つまり、時間の管理には、量的に考えるだけではなく、時間の質を考えておくことがとても重要なのです。

　時間の質から考えると、利用者本人や家族が、ケアマネジャーに対し、「今回はいったい何をしにきたのか」「毎月来るけど、なんのために来ているのか」を理解してもらい、意味のある訪問・時間にする必要があります。

　そのためには、まず面接の前に、この面接では誰になんのために会うのか、会って何を明らかにするのか等を考えて面接に入るようにします。

　同時に、その目的・内容であれば、今回の面接ではどれぐらい時間が必要かということも考えます。例えば、初めて自宅に訪問し、アセスメントを行う時が最も時間がかかると思いますが、「それであれば、1時間30分くらいだろう」、とい

う具合です。初回のアセスメントは、何らかの介護が必要になっている本人の身体・心理・社会的な状況、生活歴・病歴等の本人の歩み、一日の生活の送り方など、さまざまな角度から話を伺うので、概ね1時間30分から2時間以内を心がけて面接することも多いのではないでしょうか。

なお、認知症初期集中支援チームのマニュアルでは、初回の訪問は2時間以内でと書かれています。本人理解への細やかなアセスメントと本人・家族の負担感のどちらにも配慮しながら面接を進め、2時間以内の面接を心がけていくのです。

このようにケアマネジメントにおける各プロセスには、そのプロセスの目的がありますので、それを達成するために、時間はどれくらいかかるのかを想定するのです。そして、目的と時間を意識的に検討した後、時間内にその目的を達成するには、どのように面接を進めていくのかを考えていきます。

つまり、このプロセスは面接計画を立てているようなイメージです。面接計画をざっくりとでも立てていると、同じ時間でも意味を共有できる面接になるのです（図表3-5）。「時間のコントロール」といった場合には、その面接の目的と密接につながっており、切り離せない関係性があるのです。

また、今日の目的がなんのための面接でどこまで達成できているのかを把握できていると、この後で何を話しておくべきかが明確になり、方向性がブレません。この感覚が時間を有効に活用することになるのです。

図表3-5　時間のコントロール

これは面接に限ったことではありません。今の自分の仕事においても目的を明確にして、そのために時間を有効に使うという習慣を身につけたいものです。

面接の時間のコントロール

面接の目的に沿って計画を立て、実践を始めてみても、全くその通りにいかず、かえって困るシーン等を取り上げながら、時間の管理を考えてみましょう。

❶訪問の目的が明確でない時

目的なくとりあえず訪問した場合は、疲れやすいことが多いかもしれません。それは利用者・家族となんのために、何を話し合っているのかがわかりにくくなるからです。このような面接を毎回行っていると、利用者・家族がケアマネジャーの訪問を苦痛に感じたり、時にクレームにつながったりする場合があります。

<対策> ケアマネジメントの意味をケアマネジャーが理解しているかを振り返ります。毎回の面接に目的と概ねの時間を考えます。その上で、面接時は、「今日はこのためにまいりました」と面接の目的を利用者・家族と共有しましょう。

❷話が終わらない時

面接していると、相手の話が終わらずに困ってしまったことはないでしょうか。1つ質問をすると、その質問とは関係なく、話の流れでいろいろと話される方もいます。するとその時の話の言葉や内容に触発されて、話がどんどん広がってしまうこともあるでしょう。

この時はどのように話を戻していくのか、それも相手の流れを壊さずに行うにはどうしたらいいのかが悩み深いところです。

<対策> 話が広がってしまう面接になる場合は、元の話に戻すこと、相手に次の話題に向かうことを伝えることが役立つでしょう。

元の話に戻すように働きかけると、一緒にもう一度その話に戻ることが容易です。「先ほどのお話ですが、先生から治療方針を聞いておられますか」など、話が広がってしまったとしても、相談者が質問した内容に答えが得られていなければ、

もう一度確認してみましょう。

それから、次の話に向かうことを伝えることですが、これは脱線して話が広がってしまう場合、ケアマネジャーから本人・家族に、「次の話にいってもかまいませんでしょうか」とやんわりと促すと、話を切り替えられるでしょう。

ここで共通することは、援助者側が今なんの話をしていたのかに気づいていることです。自分が何を聞きたくてその質問をしたのか、ここでの面接の目的は何かが明らかでないと、面接を促進することはできません。つまり、面接場面で援助者が意識的に存在していることが求められるのです。そうでなければ、相手の話に引っ張られ、双方がなんの話だったのかわからない状況になってしまいます。

❸面接の終わり方

面接を終わりたいのですが、どこで終わればいいのかがわからない時もありませんか。突然終わってしまったり、尻すぼみのようになってしまい、変な終わり方になることもあるかもしれません。「終わりよければすべてよし」ということわざがあるように、スムーズに終わることができれば、今日の面接はよかったという後味になり、次の面接につながっていくでしょう。

＜対策＞　面接の終わりなので、今日の面接のまとめを心がけます。つまり、面接援助技術では「要約」を心がけるのです。今日はなんのために来て、その結果何がわかり、今後どのように動くのかといった内容です。

第4章でも述べますが、面接援助技術を駆使することで、相手の話を促進したり、広げたり、まとめたり、おさめたりすることができるようになってきます。そして、相手の思いや気持ちに寄り添いながら、今後の方針が明らかになるように整理することができていくのです。

・時間の管理は量的な面と援助の質の両方ともに大切です。
・面接の目的を明確にし、おおよその時間を見積もりましょう。

11 早すぎる対応をしない

> **POINT**
> 援助が効果的に進むためには、援助者が早すぎる対応をしないことが重要です。
> 「急がば回れ」「本人のいるところから始める」
> この2つの視点で対応しましょう。

早い判断の選択肢から理解の選択肢へ

　ケアマネジャーは実務研修の中でサービス中心のアプローチに偏らないようにケアマネジメントプロセスを丁寧に行うことを教えられてきます。なぜなら、私たちはともすると、相談者の話を十分に理解しないうちにサービスを思い浮かべてしまい、いわば"早すぎる対応"をしてしまいがちだからです。

　例えば、「家に閉じこもりがち」と聞けば、外に出るための「デイサービス」、掃除ができず不衛生であると聞けば、掃除をする「ヘルパー」といったように画一的な選択をしてしまった経験はどなたにもあるのではないでしょうか。もう少し深く考えてみると、「なぜ家に閉じこもりがちになっているのだろうか」「なぜ掃除ができずに不衛生になってしまっているのだろうか」という「なぜ?」が生じてきます。

　ケアマネジメントプロセスの中で、特にアセスメントを丁寧に聴かせてもらうようになると、この答えが、本人の置かれている状況や心情からも理解できるようになってきます。そうなると、最終的な選択肢も「いきなりデイサービスといっても無理ではないか」「掃除の状況改善は、本人の意欲が落ちていることから援助する必要があるかもしれない」など、画一的な選択肢から理解の上での選択肢へと変化していくことでしょう。だからこそ、ケアマネジメントプロセスの一つひとつを丁寧に行うことが求められるのです。

11 早すぎる対応をしない

答えを急がない初期対応が重要

　理解に基づいた援助を行うためには、面接の場面で、早急に対処したり、答えを出してしまったりしないことが重要です。

　援助者側の心情としては、急いで答えを出そうとしがちです。それは1つには、なんらかの問題を抱えた人が相談に来るため、相談に乗る側は、相談者のためにも早く答えを出してあげようと考えてしまうことが挙げられます。また、日々の忙しさの中で、丁寧な対応ができず、結果的に早急な対応になりがちであるということも理由に挙げられるでしょう。

しかし、重要なのは答えを急がない初期対応なのです。

「急がば回れ」という言葉がありますが、これは「急いでいる時は、つい近道をしたくなるが、それがかえって遅くなることがある。時間や手間がかかっても、安全で確実な方法を選択したほうがかえって早く着く」といった意味です。ケアマネジメントも同様のことが言えます。早急な判断をしてサービス調整した後に、「本人が行きません」「家族からクレームが来ています」などの課題が生じることはないでしょうか。そこまでいかなくても、「本当にこれでよかったのか」という思いや後になって行き詰まる思いになることがあるかもしれません。最初に聴いた表層的な訴えからサービス調整するのではなく、まず、本人理解のアセスメントを丁寧に行って「何が起きているのか」を見立て、この状況に応じた援助体制は何かを考えていきます。こうすると、その時は確かに時間が必要ですが、後になってみると、信頼関係の構築や援助の展開はスムーズに行うことができるようになっていることに気づくでしょう。初期対応を丁寧にすることが重要なのです。

面接場面では気遣いながら話題共有の努力を行う

面接場面でも、早くわかってしまわないことがとても重要です。

例えば、「母と顔を合わせるととてもしんどくなるのです」と相談者が言ったとします。この時、まだよく状況はわからないが「相談者がしんどくなっているのだ」という理解と、「それ以上、話を突っ込んで聴いてはいけない」という遠慮のような気遣いが援助者に起きることがよくあります。この時に無理に聴けばいいというものではありません。けれども、遠慮してしまっては、結局家族が抱えている課題を共有し一緒に考えていくことはできません。このような時、まだよくわからない状況と遠慮のような気遣いの両方を活かす形で、どうしたらいいか、どのような声かけをすれば、一緒に考える土壌をつくれるかを考えます。

例えば、「だいぶお辛そうですね。もしよければもう少しその状況についてお聴きしてもかまいませんか」と、そっと声をかけてみましょう。いつもこの声かけで突破していけるとは思いませんが、できるだけ配慮しながらも共有を促す働きかけを行い、わからないまま判断せずに、本人・家族が抱えている状況を理解しようとすることが重要なのです。もし、自分自身が「急いで判断しようとしてい

11 早すぎる対応をしない

るな」と感じたら「もう一度確認してみよう」「もう少し尋ねてみよう」と切り替えてみてください。この立ち止まって、「本人のいるところ」を理解する作業、もう少し理解してみることを試みる習慣は、早急な判断にストップをかけてくれるでしょう。早急な判断を防ぐためにも、「確認する」「質問する」「要約する」など、相手の側に立った面接援助技術が役立ってくれることと思います。

まとめ

・訴えや要望だけでサービスを調整してはいけません。
・画一的な選択肢から理解の上での選択肢へ。
・初期対応は特に丁寧に行いましょう。

身体を通しての理解　COLUMN

　面接援助技術は、本人主体で側面的にサポートを行う技術でもあります。つまり、本人が自己決定していくための技術でもあるのです。この技術を駆使しながら、本人や家族の意思や思いを確認し、情報提供の受け止めを共有する中で、援助の主体は誰なのかということが身に染みてわかってきます。

　ケアマネジャー自身が問題解決しようとしていることが、援助困難を引き起こしているという状況は少なくありません。ですが、本人が主体であることに気づき、きちんと本人の声を聴こうとした時、援助が展開し始めます。こうした経験を持ったケアマネジャーは自分の行き詰まりに気づきやすくなっています。同時に面接援助技術により本人の声を聴く経験があるので、もう一度本人のところから始めることがしやすくなるのです。このような経験から「聴くことのできる援助者」になっていくのです。

誰にとっての安心か

COLUMN

　ケアマネジャーのHさんが相談にやってきました。「本人には認知症があり、サービスを拒否している。唯一入ったヘルパーさんからは『早く施設を探さないと足元も危ないし転倒のリスクがある』と言われている。けれども、本人は拒否するし、どうしたものか」という相談でした。

　一緒に自宅に訪問してみると、確かに足元はおぼつかないところが少々あるものの、一人で買い物にも行っており、いずれ暮らすのが難しくなれば施設も考えているが、できるだけ自宅で暮らしたいというのが本人の意向でした。Hさんと本人の今できているところを共有すると、同じ話を繰り返すことはあるものの、服薬カレンダーも使えており、配食サービスにも対応できていると、できていることが多いことがわかりました。その後、Hさんは施設やサービスの利用を勧めるのではなく、本人の困りごとを聴くようになりました。すると入浴の際に滑りそうになるのが心配だと話され、手すりなど福祉用具の導入が図られたのです。

　この経験からHさんと話し合ったのは「誰が安心したかったのか」ということです。援助者側が自宅で暮らすことを心配している時、援助者側に不安があります。「本人の気持ちを聴かずに援助者の不安を解消しようとしていた」ことにHさんは気づきました。

　本人が安心して一人暮らしを継続できるための援助を行うことで、本人の安心が少しずつ育っていき、いずれは信頼関係が育つのだということをHさんは感じ始めたのです。

　私たちのポジショニングは、本人の望む暮らしをサポートすることなのです。本人主体で、本人が困っていることやしたいことに対して、情報や資源を伝えたり、時に面接援助によってさまざまな問題を一緒に整理し考えていくこと、このようなポジショニングが私たちに求められているのです。

面接援助技術の技法

4

CONTENTS

01 面接前の準備―事前情報の確認―

02 出会い（インテーク）の技術❶つかみ

03 出会い（インテーク）の技術❷発声

04 出会い（インテーク）の技術❸アイコンタクト

05 出会い（インテーク）の技術❹ペース合わせ―ペーシング―

06 面接の構造をつくる技術　共有する―始まりと終わり―

07 受け止める技術❶うなずきとあいづち

08 受け止める技術❷復唱する

09 受け止める技術❸言い換える

10 受け止める技術❹沈黙する

11 受け止める技術❺感情を受け止める

12 受け止める技術❻要約する

13 受け止める技術❼ねぎらう

14 質問する技術❶閉じられた質問・開かれた質問

15 質問する技術❷広げる質問・深める質問

16 語る技術❶自分の言葉で伝える―私メッセージの活用―

17 語る技術❷深く考え、気づきをもたらす

18 語る技術❸合意形成する

01 面接前の準備
―事前情報の確認―

> **POINT**
> 事前情報は取ったほうがよい？ それとも
> 先入観を持たないために取らないほうがよいの？

面接には準備が必要

　面接には面接計画（面接のイメージ）が必要です。書面化はしないまでも、流れをイメージして面接に臨むと、その面接がよりよいものになります。
　この面接イメージとは、今回の面接は誰と何のために会うのか（目的）、どんな展開が想定されるのか（展開）、面接の中でどこまで共有し次の面接につなげるのか（次へのつなぎ）、といったようなイメージのことです（図表4-1）。
　この面接イメージを持つために、準備として、事前情報を確認しておきましょう。この時、「相手に悪い印象を持ちたくないから」という理由で、事前情報を取らない人もいるかもしれません。しかし、すでにトラブルが生じている場合には、同様のトラブルが発生するリスクを回避できるなど、事前情報を得ることで、今後の援助をよりよいものにすることができるのです。
　つまり、これから面接する人の印象を決めるために情報を扱うのではなく、よりよい面接を行うために情報を扱います。事前情報はよりよい面接を行うために扱うことを認識しておきましょう。

面接前の準備として

❶依頼内容を丁寧に確認する
　依頼内容として「このような問題で困っている」という内容だけで依頼を受け

図表4-1 面接をイメージする

てしまわずに、「誰が」「どんなこと」で困っているのか、そのために「どんな手立て」を取ってきたのか、この相談を当事者は知っているのか、最初の面接をどう設定すればよいのかなどを最初に依頼してきた人や機関に丁寧に確認します。

❷関係機関への確認

すでに地域包括支援センターなどの関係機関が介入している場合は、依頼者にその関係機関に問い合わせてもよいかを確認しておき、場合によっては問い合わせ、関係機関でのかかわりや見立て、困難性等を確認します。前述したとおり、どんな情報も相手を決めつけるために使うのではなく、その情報からどのように面接すればよいのかを考えていきましょう。

❸事前情報から面接をイメージする

まず、相手はどんな思いで相談に来るのかをイメージしておきます。多くの場合、相手は緊張して面接に臨まれるでしょう。事前情報からつかむことのできる人物像（きっちりしている、丁寧な説明が必要等）に合わせて声かけの仕方を想定しておくのです。同様に事前情報をもとにして、面接の始め方や話し方、理解の方法、共有のプロセスなどをざっとイメージし、その上で環境を整えたり、説明用のパンフレットを用意するなど、面接への準備をしておきましょう。

> **まとめ**
> ・事前情報をもとにこれから行う面接をイメージしておきましょう。
> ・具体的なイメージが役立ちます。

02 出会い（インテーク）の技術 ❶
つかみ

POINT
面接の最初の「つかみ」で
相談者の心をつかみましょう。

面接にも「つかみ」がある

　通常、手でモノを「つかむ」などと表現しますが、「相手の心を握る」「気持ちを惹きつける」という意味で用いることも多くなりました。例えば、漫才でお笑い芸人が舞台に登場した時に最初に放つセリフやギャグなどを「つかみ」と呼んで、ドッと受けた際には「つかみはOK、今日のお客さんは受けがいいね」と表現したりします。つまり、「つかみ」とは相手に受け入れ態勢ができるための技術なのです。

　面接援助で言う「つかみ」も、相手に面接の受け入れ態勢に入っていただくための重要なアプローチです。会って最初の数分でこの「つかみ」が上手くいけば、相手は「この人に相談に乗ってもらおう」と心の中で決まっていきます。お笑い芸人は「つかみ」を技術として磨いていますが、私たちもできればこの最初の「つかみ」を「技術」にまで高めて意識して用いていきたいものです。

「つかみ」の技術

　「つかみ」を技術として考えた際、意識するのは「第1印象」と「話す内容（展開）」の2点です。第1印象の重要性はすでに第1章（18ページ参照）で解説したとおりですが、見た目（第1印象）も相手の心をつかむ上で大切な要素です。その上に「話す内容（展開）」が決め手となるのですが、ここでは、「つかみ」の技

02 出会い（インテーク）の技術❶つかみ

つかみが肝心

術のポイントを、❶笑顔と優しい声、❷相手への心遣いを言葉にする、❸自然な流れで話を展開する、❹つかみから本題へ、の4点で解説していきます。

❶笑顔と優しい声：相手が迎えられている気持ちになるように

しっかりとした振る舞いや身だしなみを整えることも重要ですが、一番肝心なのは、相手が大切に迎えられていると感じられる「自然な笑顔」と「優しい声」です。声については次の項目で解説する「発声」を参考にしてください。

❷相手への心遣いを言葉にする

「今日はどのようにして来られましたか」「道はわかりましたか」「雨は大丈夫でしたか」「先日はお電話いただきありがとうございました」など、配慮した言葉かけを意識します。これらは後述する「ねぎらい」の技術ですが、まずは相談者への心遣いを自然な言葉として表現できれば、それが「つかみ」になっていきます。

❸自然な流れで話を展開する

お会いした流れで自然と会話が始まることもよくあります。その場合は、「今日は何を話したいのですか」などと無理に本題に戻そうとせず、偶然に発生した会話を続けながら、自然と面接に移行していくとよいでしょう。

例えば、「親戚が入院してしまった」「先日旅行に行った」などのエピソードがあれば、そのエピソードを質問によって膨らませていきます。「ご心配ですね」と

受け止めながら、「どなたが入院されたのですか」「今までもよくお会いしていたのですか」などと展開していくことで、本人のインフォーマルなつながりがわかってくる場合があり、アセスメントへの導入になることもあります。「旅行に行った」という話も、「楽しかったですか」「どちらまでですか」「どうやって行かれたのですか」などと聞いていくうちに本人のADLやサポートが見えてくることもしばしばあることです。相手が話したことに共感しながら、話題を共有することも重要なつかみです。ここでは「ペース合わせ」などの技術を応用していきます（138ページ参照）。

❹つかみから本題へ

　話題の共有も大切ですが、つかみの話ばかりしているわけにもいきませんので、どこかで本題へ移行していきます。話題の共有が十分にできた段階で、「今日はどうなさいましたか」と尋ねてみたり、「今日はこういうことで訪問させていただきました」などと伝えることで、今日の訪問の目的に沿った話を開始します（面接の目的の共有化）。ケースバイケースですが、つかみは最初の5分、長くても10分ぐらいを想定しておくと、面接の時間構成がしやすいかもしれません。つかみが長くなりすぎると単なる雑談になりかねませんので、必ず、今日の面接の目的に話を戻していくことを心がけてください。

　「つかみ」の技術と言いましたが、具体的にはこの後解説していく「発声」や「アイコンタクト」「ペース合わせ」「ねぎらい」などの技術を複合的に用いていくことになります。「つかみ」という単純なスキルがあるのではなく、最初の数分間で相談者の「受け入れ態勢」をつくり、共感を醸成するためにさまざまな面接援助技術を活用するイメージと言ってもよいでしょう。

02 出会い（インテーク）の技術❶つかみ

面接を効果的なものにするためにも最初が肝心です。まずは最初の数分間の心遣いや話題の共有によって相談者に安心感を与え、「この人に話を聞いてもらおう」という気持ちにつなげていくことを意識してみてください。

4 面接援助技術の技法

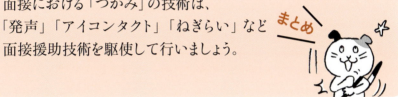

まとめ
面接における「つかみ」の技術は、「発声」「アイコンタクト」「ねぎらい」など面接援助技術を駆使して行いましょう。

つかみの小技
—「そうですね」と言える質問から始める—　COLUMN

　人間はどちらかというとうなずきたいし、気持ちよく同意したいと思っています。面接の場面でも、同意するほうが気持ちがよいし、同意しているうちに仲間意識が高まったり、話の合う人だと感じるようになってきて、2人の間に共感が芽生えてくるのです。そんな雰囲気での面接は、話の理解や展開がスムーズになってくるでしょう。

　そのためにも、最初の話は、相手が「そうですね」と言える質問から始めてみましょう。例えば、「まだまだ暑いですね」「雨が降りそうですね」「この辺も開けてきて、昔に比べると家が増えましたね」「髪型を変えられたんですね」など、気軽に「はい」「そうですね」と答えられる話題を提供してみるのも1つの方法です。必ずしも「そうですね」という返事は返ってこないかもしれませんが、ぜひ面接の最初に試してみてください。

03 出会い(インテーク)の技術❷
発声

POINT
ケアマネジャーは自分で考えている以上に
自分の声を意識する必要があります。

自分の声を意識する意味

　皆さんは、自分の声を意識していますか。ケアマネジメントは話す行為が主であるにもかかわらず、自分の声に関して無意識な人も多いと思います。

　自分に対してはそうであっても、他人が話す声にどこか不愉快な印象を持ったことはありませんか。例えば、「聞こえにくい声」「かぼそい声」「甲高い声」「耳ざわりな声」「つんけんしている声」「圧迫感を感じる声」など、声一つでさまざまな印象を受けることがわかります。

　先日、あるケアマネジャーが、「あの長女さんと電話で話すと声のトーンが強くて、『今の状況をなんとかしてちょうだい!』と焦らされる気持ちになりました。訪問で会っている時にはあまり感じなかったのですが……」と話されました。直接会う面接では、外見や表情等他の情報が関係を補ってくれます。ですが、電話は声だけでお互いに相手の印象や状況を判断するので、声の重要性は特に大きいと言えるでしょう。そして、私たちは電話というツールを多く利用して援助を進めていく仕事でもあります。ですから、発声の技術を意識的に身につけることも面接援助技術の1つとして捉えておく必要があるのです。

声で好印象を与える3つの条件

　心地よい声は相手に好印象を与えます。声で好印象を与える3つの要素を図表

03 出会い(インテーク)の技術❷発声

図表4-2 声で好印象を与える3つの要素

❶	「この人」に語りかけるという意識で話す	相手にきちんと声が届くためには、まず相手を「人」として感じ、語りかける意識で話してみましょう
❷	「はっきりと聞こえる声で」話す	会話が成立するためには、まず聞こえていることが前提です。声の大きさや滑舌をよくして、相手にはっきりと聞こえる声で話しましょう
❸	明るさ・優しさ・柔らかさを感じさせる声を意識して話す	相手に与える印象に声がもたらす影響は案外大きいのです。声の印象にはトーンや速さも影響します。暗い印象を与える人はほんの少し高めの声を、きつい印象を与える場合は落ち着いた声で、強さを与える可能性がある場合は少し抑えめに話してみましょう

4-2にまとめました。

　3つの要素以外にも、相手に伝わるためにゆっくりと話すのは、どんな時でも重要な技術です。はっきりとした声で語りかけたり明るさや優しさを意識したりするだけであなたの印象がガラッと変わります。

「声の話なんて言われなくてもわかっている」と思われる人もいるでしょう。そういう人にはぜひ、自分の声を録音して聞いてほしいと思います。録音したあなたの声は、はっきりと話していますか？　明るさや優しさ、柔らかさを感じますか？　自分で思っていたのとは違う発声かもしれません。ではどうしたら相手に与える印象を変えられるでしょうか。

　それには、口角を上げて笑顔で話す、ゆっくりと落ち着いて話す、高い声や低い声を意識的に出すなどのトレーニングを重ねることです。私たちは、対話によって援助する仕事です。アナウンサーと同じくらいに発声を意識することが大切だと考えます。

---

❶まず、相手の存在を意識します。
❷そして、はっきりと聞こえる声で話します。
❸明るく、優しい発声を心がけましょう。

まとめ

04 出会い（インテーク）の技術❸ アイコンタクト

> **POINT**
> アイコンタクトは難しい？
> 相手と目線を合わせて「温かさ」を伝える、
> まずはこのことを意識してみましょう。

アイコンタクトで伝えること

　目はその時の気持ちを物語ります。好意を持っている、怒っているなど、表情と共に目がその気持ちを語るのは皆さんも実感としてわかるのではないでしょうか。これを意識して活用するのがアイコンタクトの技術です。

　実はこのアイコンタクトを難しく感じる人も少なくありません。相手の目を見つめるということを恥ずかしく感じてしまうからなのでしょうが、相手の目を見て話さないと、「目を見ないのは何かやましいことがあるからではないか」「ちゃんと聴いているのかな？」と感じさせてしまう場合があります。関係づくりのためには、きちんと相手の目を見ることができること、つまり適切にアイコンタクトを取ることが必要なのです。では、面接ではどのようなアイコンタクトを取れば効果的でしょうか。援助者のアイコンタクトとしては、「あなたの抱えている課題を一緒に考えたいと思います」「よろしければお話しください」という気持ちを目や表情にも表現して伝えたいものです。気持ちの伝わる温かいアイコンタクトでできることを図表4-3にまとめました。

アイコンタクトの技術

❶心を整えて目をリラックスする─受け入れる目をつくる─

　目に変な力が入らないように、援助者がリラックスしている状態をつくります。

04 出会い（インテーク）の技術❸アイコンタクト

図表4-3　アイコンタクトでできること

1	笑顔をつくる：笑顔になるには目の役割が重要
2	温かさを伝える
3	どうぞお話しください、と促す
4	あなたを受け入れますよ、お話を聞きますよ、という気持ちを伝える
5	真剣に聞いていますよ、を表現する

まず、面接前に深呼吸をするなど自分の緊張をほぐします。目に力を集中せずに緩めて、視界は相手を全体的に捉えるように広く見ます。これは、あるものをただ受け入れているといった目をつくるイメージです。

❷目を凝視しない ―柔らかなまなざしのつくり方―

アイコンタクトは、「受け入れる目」で相手と目線を合わせます。相手の目を凝視するというよりも、相手の両眼尻と鼻先が形づくる三角形をぼんやりとながめて見ていると柔らかなまなざしになります。

❸温かさを伝えるアイコンタクト ―あなたの話を聴いています―

親近感や友好関係を築く上で温かさを伝えるアイコンタクトは欠かせない技術です。その際に目をふせていたり、別の方向を見ながらでは友好関係を築きようがありません。一番大切なことは相手の目をしっかりと温かく見ることです。そして、「あなたの話を聴いていますよ」という気持ちでアイコンタクトしましょう。

なお、アイコンタクトは、うなづきやあいづちと一緒に活用することで、相手が話しやすくなる効果を発揮するスキルとなっていきます。

- まずは、目線を合わせるのが基本です。
- 目に気持ちを乗せて、温かさを伝えながら、「聴いていますよ」を伝えましょう。

まとめ

05 出会い（インテーク）の技術❹
ペース合わせ
― ペーシング ―

POINT
相手と呼吸を合わせる「ペース合わせ」は
親近感や安心感を感じさせる技術です。

話しやすい関係をつくりだす

　よく「波長が合う」とか「気が合う」というような言い方をしますが、この「合う人」は、どこか似ている人だと言われています。私たちはこの「どこか似ている人」に親近感や安心感を感じるのです。これを心理学的には類似性の法則といい、人は自分と似ているものに好感を感じるという心理です。

　ここで解説する「ペースを合わせる」というスキルは相手の話し方や身振り等、相手の行った行動と同じように合わせることで類似性をつくり出し、信頼関係の構築へとつなげる技術なのです。

　面接する際に相手が誰であれ、自分を開示してもらい話しやすい状況をつくるために、その人に合わせる技術を身につけましょう。

相手に合わせる技術

❶相手の呼吸と波長を合わせる

　会った瞬間にその時の相手の雰囲気から、その人なりのペースを感じるものです。表情から読み取れるゆったりした雰囲気や、話し方がゆっくりしている人、あるいは切羽詰まった表情や、息せき切って早口に話す人など、その時の状況やその人の性格等からもその時のペースは全く違います。まずはその人の呼吸を感じ、呼吸に合わせてみましょう。

05 出会い（インテーク）の技術❹ペース合わせ

仕草や表情を似せる

❷相手の心を理解するために仕草や表情を似せてみる

　人はその時々でさまざまな行動をしています。その人のペースに合わせるために、その行動や動作、言動を真似てみましょう。しかし、ただ単に行為をわざと真似するだけでは、相手が嫌な気持ちになる場合も多いので注意が必要です。「相手の心を少しでも感じ理解しようとする」という思いがなければ、単に猿真似されている、馬鹿にされているという印象を与えるだけでしょう。

　人の行動には、その人の心理が現れます。例えば、腕組みは無意識な守りに入っていたり、悲しそうな表情は辛さの表現であったりします。この時に、相手を理解しようと、そっとその行為を真似て表現してみましょう。例えば、腕組みをされている時は、聞き手も自分の膝の上に両手を重ねて置いてみる、苦しい表情で話された場合は、聞き手も少し苦しそうな表情で聞いてみるのです。

　動作を共にすると、「この人は自分をわかってくれている」といった安心や好印象が相手の心情に起きてきます。また、聞き手側は行動だけではなく、同じ言葉を使う行為から相手の心情が伝わってきます。同じ表現で表現し、その感じを共有する、これが相手を理解する基本なのでしょう。

親近感や安心感を持ってもらうために
相手の呼吸に合わせ、仕草や表情を真似てみましょう。
相手の心の理解へとつながっていきます。

まとめ

4 面接援助技術の技法

139

06 面接の構造をつくる技術
共有する
—始まりと終わり—

> **POINT**
> 面接の始まりに目的の共有をすること、面接の終わりに方針を共有することが大切です。

面接の最初に目的を、終わりに方針を共有する

　今から行う面接は何のために行うものか、自分の中で明確になっていますか。そして、面接の目的を利用者さんと共有していますか。

　この項では、より面接の効果を上げる技術として、はじめに目的を伝え、終わりに方針を伝える「共有する」技術についてお話しします（図表4-4）。

　面接は終わったが、今日は何が明らかになったのかがわからない、焦点が当たらない面接になっていたことはありませんか。大抵の場合、面接の目的・方針が共有されていなかったことが原因です。これが続くと援助が展開しなくなり、その結果、課題が解決しない困難事例となってしまうことがあるのです。

　「共有する」とは、面接者が想定している目的・考え・方針を共有することです。面接全体を俯瞰して、今日の目的は何で、このことを明らかにしたいという面接者の思いを共有するのです。

　この共有するタイミングは、始まりと終わりです。起承転結の起と結ですね。面接の始まりに「目的」を共有し、終わりに「方針」を共有していきます。このようにすることで、意図的な面接をつくり、改善の質と速度を高めていくのです。

図表4-4 面接の流れ（例）

「目的」を共有する技術

面接の始めに目的を共有する時、面接の状況によって「共有する」の技術は変わってきます。相手が相談したくて話し出された場合とこちらが面接の目的を持っている場合は、「共有する」ための技術は変わってくるのです。

❶相手の相談から始まる面接の場合

相手側になんらかの相談があるという状況ですので、相手の話をすべて伺ってから、「今日はこのこと（内容）を相談するために来てくださったのですね」と相手の話を「要約する」ことが面接のどこかのタイミングで必ず必要になります。それがこの場合の「目的の共有」となります。

具体的な手順ですが、まず❶「今日はどのような相談で来られたのか」を明らかにするように聴きましょう。そして、❷相談の中身が把握できた段階で、相談の目的をまとめます。例えば、「今日はお母さんにそろそろ介護が必要になってきたように感じて、相談に来られたんですね」というようにです。その後、❸「そのことについて、一緒に考えさせていただきたいと思います。もう少し詳しくお話をお聞かせいただいてもよろしいでしょうか」「ここでお聞きすることもできますが、よろしければ一度お会いしてお話を聞かせていただいてもかまいませんか」など、次の方針を打ち出します。

このようにして「相談内容の把握や方針を立てるための面接」や「次回面接につなげるための面接」といったことが明確になっていくのです。

相手側からの相談の場合は、相手の話をよく聞いて、相手の面接の目的を明らかにすることで、こちらが今回どこまで介入するのかという目的が明らかになってきます。

❷ケアマネジメントプロセスにおける面接の目的の共有

ケアマネジャーとしての援助関係が始まると、多くの面接は、ケアマネジメントプロセスの流れに沿って成立していきます。この場合、ケアマネジャーは面接において意図的な介入を行っていくことになります。その際、なんのためにどのような面接を行おうと思っているのかを「合意形成」しておくと、相手も面接の意図がわかり面接がスムーズに流れやすくなります。

1)アセスメントの場合：アセスメントに入ることを共有します

例：「田中さんの状況をケアマネジャーとしてきちんと理解した上でマネジメントを行いたいので、今日は田中さんのことをいろいろとお聞かせいただきたいと思います」

2)サービス担当者会議の場合：最初に参加者と目的を共有します

例：「今日は山田さんの計画書ができましたので、皆さんと一緒にこの場で共有し、来月からの実施につなげたいと思います。ご意見がありましたら、いろいろとお聞かせいただきたいと思います」

3)モニタリングの場合：モニタリングの説明と目的の共有

初回モニタリングの時は、モニタリングの説明をしましょう。

例：「よりよい状況になられるように月に1回訪問し、計画に基づいて状況確認をさせていただくことで、より改善していけるように一緒に考えさせていただきたいと思います」

毎回のモニタリングでは、その時のモニタリングの目的を意識しながら面接するようにします。

例：「今日はデイサービスに行って楽しまれているか、デイでのリハビリを受けて歩きやすくなられたのかについて特にお聞きしたいと思っています」

このように、面接の最初に「今日の面接の目的」を共有するように心がけてみましょう。相手も目的がわかると面接に協力しやすくなります。

「方針」を共有する技術

面接を終える時、「今日はこれで失礼します」とだけ言って面接を終えていないでしょうか。面接の終わりに、今日の話をまとめて、方針を共有すると、課題解

06 面接の構造をつくる技術　共有する

決的な面接につながります。そのために、①今日の話を要約する、②そこで出て来た方針に基づいて今後行うことを伝える、③次回の予定と概ねの目的を伝える、などを行っていきます。

　例えば、「今日はデイサービスを利用した後に時々ひざの痛みがあるとお聞きしました（①要約）。膝に何か起きているのかもしれないので、一度整形外科を受診しましょう。デイでリハビリを利用してよいかどうかも医師に相談してみましょう。受診までにこちらでデイでのリハビリの様子も確認しておきますね（②方針と実施）。次回は９月10日の14時にお伺いします。その時にその結果からデイのリハビリをどうするかも含めて相談したいと思います」といった具合です。このように毎回、面接の終わりに方針立てをすることで、意図的な面接をつくり、改善の質と速度を高めていくのです。

❶相手からの相談の場合

　次回の面接方針を伝えていきます。

　　例：「今日はここまでお話しできましたので、次回はご本人にお会いしてお身体
　　　　の様子も見させていただきたいと思います」

❷アセスメントの場合

　アセスメント時には、アセスメントを受けての計画や流れを説明することが多いでしょう。説明によって次の方針や流れも伝えていきます。

　　例：「今日のお話を受けて、次回の訪問までに計画書の原案をつくってきますの
　　　　で、確認していただきたいと思います。その後に今後利用するサービス
　　　　事業所の方やかかりつけ医の先生にも同席していただいて、計画を共有
　　　　する場を持ちたいと思っています」

❸モニタリングの場合

　モニタリングの場合は、基本的に計画に基づいて確認していきます。その場合、本人、家族の満足度も重要ですが、短期目標の達成度を確認しながら計画を進めていくことが重要です（短期目標とそれを達成する援助内容が具体的で実行可能性の高いものであれば、計画書から次回の方針をつくることができるでしょう）。

　モニタリングの始まりに目的が共有されているので、終了時には目的に沿って

今日のまとめ、次の方針を立てて次回の訪問を説明することを心がけてみてください。本人の状況の改善を助ける技術になることでしょう。

例:「水分を1,000ml摂ることでより健康になってもらうという計画になっていますが、今日お聞きしたお話ではあまり水分を摂ることは意識されていなかったということでしたね。そのために来月までにペットボトルにお茶を入れて飲んでみることにしてみたいと話されていましたので、それで1週間様子を見てみましょうか。もし難しければ、また一緒に考えますので、気楽にやってみてくださいね。こちらはヘルパーさんと飲みやすい工夫を考えてみます。1週間後に訪問しますね」

共有するメリット

　共有することのメリットは、相手と共に課題解決的な面接を行えることでしょう。逆に、この共有を意識して行わないと、なんのための面接だったのかが不明確になります。その結果、訪問して、世間話だけして帰ってきたり、何を話していいのかわからなくなったりします。こうなるとこちらも相手も、ケアマネジャーの役割がわからなくなったり、毎回の面接がお互いに苦痛になったりします。この状況から、援助が展開しなくなったり、家族との関係が悪くなったりするなど、援助自体が困難になってしまうこともありえます。

　共有する技術は、なんのための面接かを毎回明らかにし、終わりには方針を共有します。それは、本人が抱えていた課題を明らかにし、その問題を解決するように働きかけることを促進していきます。以下、例を示します。

例:全体課題:足が弱くなって閉じこもりになった状況から改善に向けた時期
　　毎の面接の目的（方針）:
　　❶その背景・理由を確認し共有する
　　❷医師や関係者からの判断や方針を確認し共有する
　　❸何からできそうか確認し共有する
　　❹来月からできることを確認し共有する
　　❺それができたのかどうか、結果どうなったのかを確認し共有する

この例を見ると、その時期毎の面接の目的（方針）が全体課題を解決するものになっていることがわかるでしょう。また、このように目的を書き出してみると、目的自体がケアマネジメントプロセスに沿っていることに気づかれた方もいるかもしれません。そのこと自体が課題解決的である証拠です。

相談者の問題を相談者と共に解決するために、始まりに目的、終わりに方針を共有する技術を積極的に行ってみてください。経験が浅くても、面接の輪郭がくっきりとするので、援助が展開しやすくなることを実感されると思います。

先輩からのアドバイス

面接の方針が出せない場合

まず、「面接の最後に必ず方針を伝える」という意識を持つことが重要です。それでも方針が立てられない場合、計画に戻りましょう。計画が目的に沿って書かれているのであれば、今の状況から方針が出てきます。

ケアプランは作成したものの、その後変化が出ない場合は、その計画が漫然としたものになっている可能性があります。その場合は計画を見直してみましょう。あるいは問題が見えていても解決に至る情報が少ないのかもしれません。その場合は、もう一度本人や家族、援助者に情報を確認してみましょう。医師に会うことで有効な計画書づくりになります。方針立てができない場合は、その気づきから自分の専門性を見直せるチャンスかもしれません。

方針を明確化して伝えるための前提として、今から1年後、5年後という未来について考えておく必要があります。未来は元気になっていく姿や少しでも前に進み改善していく状況を想定します。あるいは、このままだとレベルが低下する可能性、リスクについても想定します。どちらにしても、「今の状況を改善するためにどうするのか」が前提としてあるのです。ここが明確になると、毎回の面接の目的・方針が明確になってくるでしょう。

07 受け止める技術❶ うなずきとあいづち

> **POINT**
> ただ、うなずくだけでも面接技術としては重要な役割があります。
> 聞き上手な人はうなずきとあいづち、アイコンタクトを合わせて活用します。

うなずきとあいづち

「うなずく」という行為は誰もが自然にしていることです。今まで生きてきて、うなずいたことがない人はいないかもしれません。うなずきは「あなたの話をきちんと聴いていますよ」というサインです。

例えば、あなたが大勢の人の前で発言をする場合、自分の話にうなずいて聴いてくれる人がいたら、とたんに安心するのではないでしょうか。うなずいてくれない人よりもうなずいてくれる人のほうを見て、話をすることでしょう。

このような体験は多くの人が経験していることではないでしょうか。この安心感は、その人のうなずきで、「聴いてくれている、賛同してくれている、自分の話には意味がある」と感じることから生まれるものです。うなずきにはそのような効果があるのです。

また、「あいづち」を打つとは、相手の話に合わせてタイミングよく「共感」や「同調」「肯定」、さらには「驚き」や「感動」を示すことですが、広い意味では、「うなずく」ことも「あいづち」を打っていることになります。うなずくことで「聴いていますよ」と肯定しているからです。

あいづちには、「うん、うん」「なるほど」「そうですか」「わかります」や「ええ!」「すごいですね」「さすがです」「ほう!」といったものがあります。多彩なあいづちを使えると、あいづちだけでも会話が豊かになります。うなずきながらこ

07 受け止める技術❶ うなずきとあいづち

さまざまなあいづち

うしたあいづちを入れるだけで、誰でも聞き上手になれます。こうされると、話し手は安心して話を続けることができるからです。

うなずきとあいづちの技術

「うなずく」は簡単な動作に見えますが、本当は相手とのペース（呼吸）を合わせる技術です。もし、ずっとうなずかない、あいづちを打たないとどうなるでしょうか。

> **娘さん** 母は父が亡くなってから、めっきり弱りました。生前はそんなに仲のよい両親ではなかったのですが、やはりこたえたんですね。食事の量が減って、ぼーっとしていることが多くなりました。このような状態で、母がどうなっていくのか、鬱にならないのか、衰弱してしまわないのか……、とても心配なんです。

この場合どんな表情で聴いているのかも大切なポイントですが、一度も、うなずかないで聴かれると、話し手は相手がどんな思いで聴いているのかわからず不

安になってきます。一般的に介護の相談の場合、相談者は自分のかかわりや行為を「もっとあなたが看るべきでしょう」と世間が批判しているのではないか、と気にしていることも多いです。うなずきがないだけで、聴き手が批判しているのではないかと感じさせてしまうかもしれません。

　また、少し話しただけで、さもそんなことわかっているというように「ふんふんふん」と小刻みにあいづちを打ちながらうなずかれても、急いでいるから早く話してほしいというように感じられ、いやな思いをするかもしれません。これらは、うなずくという行為があっても、そんなこと聴かなくてもわかっている、忙しいんだというような聴き手の心が現れてしまっています。

　では、どのようなうなずきがよいのでしょうか。

　まずは、こちらが「私は誠実にあなたの話を聴きたいと思っています」と思って向き合っていることが前提です。そして、この向き合いが現れるようにうなずきたいものです。

　まずは、相手の話をしっかり聴き、「うん、うん」「なるほど」とあいづちを打ちながらうなずくこと、時に大切な箇所や同意できるところは大きくうなずくこと、簡単に言えばこれだけです。技術としてしっかり定着するためには、まずは誠実に聴きながらうなずいてみましょう。うなずいているうちに、相手の話の流れに沿って、その文脈の中で自然とうなずくことが増えていくでしょう。

うなずきの例

Aさん　母は父が亡くなってから（うん）、めっきり弱りました（うん）。生前は（うん）そんなに仲のよい両親ではなかったのですが（うん）、やはりこたえたんですね（うん）。

　相手が話している間は、こちらが話したくなっても、相手の目を見ながら意識的にうなずくようにすると、余計な言葉を挟まずにすみ、より話が進むことでしょう。つまり、目と動作で承認することで相手はより聴いてもらえていると感じ、さらに話が進んでいくのです。このうなずくという行為を意識的に行ってみてください。相談者が聴いてもらえている・安心して話せるという目的に向かって意識的に行うというところが、うなずくという単純な行為であっても技術として確立すべきところなのです。

面接援助技術を複合的に活用

適切なあいづちを打ちながらうなずき、さらにアイコンタクトを活用して目線でも「聞いていますよ」を表現することで、話し手の安心感、聴いてもらえている感が格段に高まります。相談援助職としては、確実に身につけておきたい3種の神器かもしれませんね。

うなずき・あいづち・アイコンタクトの複合的な活用例

Aさん 　昨日悲しいことがあってね……。

CM 　（うなずきながら、相手の目をしっかりと見つめて）そう（あいづち）、悲しいことがあったのですね（復唱）、何があったのですか？

Aさん 　飼っていた犬が死んでしまったのよ……。

CM 　え……（驚きのあいづち）。（深くうなずきながら）そうだったのですか（共感を示すあいづち）。それはお辛いですね（感情の反射）。

Aさん 　老犬だったからね。でも、とても長く生きてくれたわ。

CM 　そうですか（あいづち）。Aさんにとっては相棒のような感じでしたものね。

- ・うなずきやあいづちは「あなたの話を聴いていますよ」というサインです。
- ・うなずきやあいづちだけでも話し手に相手が「わかってくれている」と感じてもらえる効果的な技術なのです。

08 受け止める技術❷ 復唱する

POINT
相手の言葉を繰り返すだけで
言葉のキャッチボールが円滑になります。

まずは受け止めること

　聴くことは受け止めることだと言われますが、受け止めたということは具体的にはどのような応答でわかるのでしょうか。例えば、キャッチボールでは、相手にボールを投げ、そのボールを相手が受け止めて、またこちらへと投げます。この時、ボールを落とさないようにしっかり受け止め、それからまた相手のほうに向かって投げるという行為が繰り返されます。

　面接という場面でも言葉というボールがやり取りされるわけですが、この時、言葉というボールをどのように受け止めればよいでしょうか。

　言葉の受け止め方は、いくつかのやり方があります（図表4-5）。ここではまず、相手の言葉というボールをそのまま受け止めて、言葉どおりにそのまま返す「復唱」について解説します。言葉をそのまま返されると、相手に「きちんと聴いてもらえた」という気持ちが芽生えるのです。

　この「復唱」ですが、単純なようで実は難しい技術です。なぜなら、私たちは相手の言葉に反応してすぐにこちらの意見や考えを言おうとしがちだからです。すぐに意見を言われてしまうと、話し手は「本当にちゃんと聴いてもらえていたのか」という気持ちになることが多いのです。

　「聴いてもらえた」と感じる過程を分析すると、多くの場合、❶相手からの言葉をいったん受け止める動作が起きています。その後、❷自分自身を表現するという動作に移るのですが、私たちはあまりに早く❷自分の表現の動作に移ってしま

08 受け止める技術❷復唱する

4

面接援助技術の技法

図表4-5	言葉の受け止め方
❶	うなずく
❷	復唱する
❸	言い換える
❹	沈黙する
❺	感情を受け止める
❻	要約する
❼	ねぎらう

いがちなのです。

その結果、相手の印象として「こちらの話をよく聴かずに自分の意見ばかり言う人」となる場合が多く見られるのです。

相手の言葉を受け止めるためには、❶相手の話す内容について先入観を持たないこと、❷相手が話す流れを変えようとせず、そのままを受け取ること、❸そのためにも評価したり解釈したりする自分の思考を脇に置いて、まずは「何を話されたいのか」に集中すること、❹相手の話の背後にある心の動きに耳を澄ましていること、の4点が前提として求められます。

この前提を踏まえた上で、まずは相手の言葉を姿どおりそのままお返しすることから始めましょう。それは相手の言葉をそのまま真似て返すということです。

相手の言葉を姿どおりにそのまま返す

相手の言葉を姿どおりにそのまま返すことは、「復唱」や「おうむ返し」と言われることがあります。前述したとおり、これが案外と難しいのです。

後述の例はいつもの会話と相手の言葉を受け止める会話です。どう違うか見てみましょう。

151

例❶いつもの会話

長男 こちらがいくら注意しても、父は改めようとはしないのです。

CM そうなんですか。お父さまにも何か考えがあるのではないでしょうか。

　　　まず、お父さまの考えを聴きましょう。

長男 父の考えを聴いても、意味のないことが多いです。

CM 意味があるかどうかはお父さまの決めることですよね。

長男 困っているのは僕なのですから、僕の気持ちを聴いてください。

例❷相手の言葉を受け止める会話

長男 こちらがいくら注意しても、父は改めようとはしないのです。

CM （お父さまは）改めようとはされないんですね。

長男 だから、どうしていいか本当に困っているんです。

CM それでどうしていいか本当に困られている……。

長男 そうなんです。どうしたらいいのでしょうか。父は一体何を考えているのか、それがわかればいいのですが……。

　例❶では、長男が怒りだしてしまいました。それはいくら答えが正しくても、ケアマネジャーが早急に答えを出しすぎており、長男には十分に聴いてもらった感じがないからです。

　例❷では、長男から「そうなんです」という答えを引き出しています。その結果、長男から父の考えをわかりたいという発言が出てきています。

　繰り返しになりますが、会話では話し手が聴いてもらったという感覚を持つことが重要です。そのために、まずはそのまま聴き、言葉を繰り返すわけですが、この時、発言の最後に表現される言葉や、最も強く話される言葉を繰り返します。発言の最後の言葉には思いや気持ちが表れるものです。こうした言葉を選んで繰り返すことは、実は慣れてくればやりやすい技術です。またそれは、話し手が話しやすくなるとともに、より「話そう」という気持ちになるでしょう。

152

08 受け止める技術❷復唱する

4 面接援助技術の技法

> **会話C**
> 「母がもの忘れを認めようとしないのです」
> 「(お母さまは) もの忘れを認めようとされないんですね」
> **会話D**
> 「子どもたちは (私を) 大切にしてくれます」
> 「子どもさんたちは、大切にしてくれるんですね」

「復唱」は、「意見を早急に言わないこと」「まずは本人の言葉をそのまま繰り返すこと」が前提の技術です。言霊という言葉があるように、言葉には霊的な力が宿るとも言われています。相手の言葉を簡単に変えずにそのまま受け止め、それを単純に繰り返すだけではなく、言葉に宿る思いや力も含めて受け止めた上で返すことが重要です。それが「本人をそのまま受け止める」ことにつながるのです。この技術の深さは単なる繰り返しをするのではなく、一人ひとりを大切に受け止めること、相手が自己決定していくという援助の基本的な理念の具体的な姿として、大切にその人に向き合う姿勢が問われていることでもあるのです。

> **まとめ**
> ❶まずは、そのまま受け止めて、相手の言葉をそのままに繰り返します。
> ❷こちらの意見は早急には言わずに、よく聴いてから伝えましょう。

09 受け止める技術❸ 言い換える

POINT
適宜、言い換えることで
相手にこちらの理解度を示します。

相手の言い分を理解して初めて使える技術

　相手の言葉をそのまま受け止める技術のうち、そのまま繰り返す「復唱」の技術はとても重要な技術ですが、ずっと繰り返されると、逆に「軽々しく扱われている」「からかわれている」「馬鹿にされている」といった印象を与えてしまうことがあります。そこで使いたいのが「言い換える」技術ですが、相手の言葉を受け止めること、その言い分を理解することができると、この「言い換える」という技術ができるようになります。つまり、相手の言いたいことがわかって初めて、「言い換える」ことができるのです。

　言い換えとは、相手の話した内容を違う言葉で言い換えて返す技術です。この技術によって、相手が表現したい内容をより明確にして返すことを試みるのです。それは、❶相手が伝えようとしている体験や考えを理解する、❷援助者自身の言葉で言い換える、という2つの動作によって成立しています。

　この技術は、相手の言葉そのままではなく、援助者自身の言葉で伝えることが大きな特徴です。これにより、相手が伝えようとしていた情報をこちらが正しく理解しているかどうかを確認でき、違っていた場合には修正することができます。「言い換える」は、「復唱」と同様、相手を理解しようとする態度が伝わる技術です。「復唱」よりも難しい要素もありますが、話し手にとっては自分の言うことを言い換えて確認してくれることで、「この人は私の言いたいことを理解しようと努めてくれているのだ」という気持ちになりますので、多少、その言い換えが間

違っていても問題はありません。「あなたの言いたいことはこういうことなんですね」というように返した時、その言い換えが合っていれば「そうそう」と同意されますし、間違っていれば修正してくれることでしょう。このようにして、コミュニケーションが協働作業で進んでいくのです。

「言い換える」の実践

では、この「言い換える」の実践ですが、前述したとおり、その動作は❶相手が話してくれたことを理解する、❷その内容を援助者の言葉で言い換える、この2つです。

> **会話例❶**
> 妻　　夫が家のことをなんでもしてくれていたのですが、脳梗塞になってから、全部私がやるようになりました。
> CM　今はすべて奥さまがなさるようになったのですね。
> 妻　　はい、ですから対応する人に教えてもらって、この書類もなんとか書き上げました。
> CM　確認しながら、ここまで書類を整えてこられたのですね。

「復唱」と違い、相手に返すのはそのままの言葉ではありません。しかし、言葉は変わってはいても、相手の話す内容に沿っています。違う言葉でいえば、相手の話していることを「確認している」のです。

会話例②

Aさん 今の状態であれば、妹は（私に）早く施設に入ってほしいと思っているのです。でも、私はこの家で最期を迎えたいのです。

CM 妹さんは施設を考えておられるけれども、Aさんは最期まで自宅で暮らしたいと思っておられる……。

Aさん そうなんです。他人の世話になるよりも、家で自分でできるだけやっていきたいのです。

CM できる限り自分の力で住み慣れた自宅で生活したいと思っておられるんですね。

　言葉は違っても内容は相手の表現したいことを「このように聴きましたよ」あるいは「〜なんですね」と相手に確認していることが、この技術の特徴です。まず、「相手と歩調をそろえること」、これが面接技術の第１歩と言えるかもしれません。「復唱する」でもお話ししましたが、相手のことを聞いて、こちらの思いや意見を言おうとするのではなく、まず相手が何を言いたがっているのかを確認することから始めます。「復唱する」「言い換える」の技術は、相手にとっても「こちらを理解しようとしてくれている」ことを実感できる重要な技術なのです。

図表4-6　言い換え例

迷惑をかけたくないんです	⇒	負担をかけたくないんですね	⇒	子どもさんの人生を生きてほしいのですね
（相手が）どう思っているのかはわかりません	⇒	何を考えているのかわからないんですね	⇒	なかなか聞きづらいところなんですね
こんな身体になってしまって……	⇒	なぜこんなことに……というお気持ちなんですね	⇒	あの時こうしておけばという思いもあるんですね
自分にできることからやっていこうと思っています	⇒	やれるところから始めようと思っているんですね	⇒	少しふっきれたお気持ちなんですね
周囲の人がいたからここまで来れました	⇒	周囲の人たちのおかげだと思っておられるのですね	⇒	周囲の人に感謝したいお気持ちですね

言い換えの技術では、こちらの語彙を増やしておかないと、相手の話を聴いても言い換えが難しくなります。1つの文章でも、語彙が豊かだといろんな言い換えに転換できます（図表4-6）。相手の話の流れによって言い換える内容は変わってきますが、1つの例として参考にしてみてください。

> **まとめ**
> まずは自分の思いを脇においで内容をしっかり聴き、その内容を確認をするつもりで言い換えを始めてみましょう。

自分の思いは脇に置いて聴く　COLUMN

　言い換えは相手の言いたいことや状況を違う言葉で確認することですが、援助者の側の思いを乗せてしまうことがあります。
　例：❶「迷惑をかけたくないんです」→「迷惑をかけたくないですよね」
　　　❷「あの人は頑固だから」→「ご主人は意志が固いんですね」
❶は言い換えの中に援助者の思いも入っているのがわかるでしょうか。❷は頑固という一見ネガティブな言葉を意志が固いというポジティブな言葉に変えています。これはネガティブな思いを受け止めきれない援助者があるようです。また、相手からすれば、思いを汲み取っていない言い換えなので、「この人はわかっていない」になる可能性があります。❶❷のどちらにも共通していることは援助者の意図が言い換えに介入している点です。この状況を避けるために、まず聴く際は相手の思いに寄り添って聴き、自分の思いは分けて伝えるようにすると、このような微妙な応答は少なくなります。少なくとも、言い換えでは援助者の意図や思いをできるだけ入れずに、相手の意向に沿って言い換えましょう。そのためにも自分の思いと相手の思いを分けること、つまり、まずは、自分の思いを脇に置いて聴くことが大切なのです。

10 受け止める技術❹ 沈黙する

> **POINT**
> 黙っていることにも効果があります。
> そして相手の沈黙にも意味があります。
> 沈黙を怖がらずに楽しみましょう。

沈黙を味わう

　沈黙になると気まずい雰囲気が流れるから、沈黙が怖いという声をよく聴きます。でも、実は沈黙が「共にいる」という感覚を強め、面接の展開を深めるものだとしたら、どうでしょう。沈黙をむやみに怖がらなくてすむかもしれません。また、あえて「沈黙する」ことは受け止める技術としても有効に機能します。沈黙を怖がらずに有効に活用する方法を学びましょう。

❶沈黙とのつきあい方 ―ポイント1：黙る―

　人は沈黙が怖くなると、たいていは「話し続ける」という行為を選択します。つまり、沈黙が怖いので、自分で沈黙を打ち消し続けるわけです。ですが、この行為は相手の人が考えたり感じたりすることを妨げてしまいます。

　沈黙とのつきあい方の第1ポイントは「（援助者が）黙る」ことです。もしかすると援助者の内側では「こうじゃないか」「こうすれば」という考えがあるのかもしれませんが、まずは黙って相手の心の声を聴いてみましょう。

　では、どれくらい黙ればいいのでしょう。深い面接の時は、1分以上の沈黙に出会うこともありますが、ここでは、つばをぐっと飲み込む感じで、まず3秒黙ってみましょう。そして、何が起きるか見てみましょう。

❷沈黙とのつきあい方 ―第2ポイント：待つ―

　第2のポイントは、「待つ」ことです。ただ黙るだけなら、沈黙の怖さは消えな

10 受け止める技術 ❹沈黙する

4 面接援助技術の技法

沈黙が流れたら

いかもしれませんが、「沈黙、黙る」から「待つ」「待っている時間」と位置づけると、自分の行為に意味が生まれるので、その場に黙っていることがたやすくなるかもしれません。

では、「待つ」とはいったい何を待っているのでしょうか。あえて言葉にすれば、相手がその状況から何かを感じ取って整理し、そして言葉を探す時間と言えるでしょう。いわば自分と対話をして理解を深めている時間です。その時にこちらが話し出して、心の対話の時間を邪魔しないことが大切です。つまり沈黙は相手の中で起きているプロセスを邪魔しないことでもあるのです。その時、「いかにも待っていますよ」という態度で焦らせないようにしましょう。「待つ」時にはゆったりと待つことが大切です。とは言え、どうしても焦ってしまうかもしれません。そんな時は、第４章**05**項で解説した「ペース合わせ」の技術を使います。相手の呼吸を感じ取って、自分の呼吸を相手に合わせてみましょう。そうすることで落ち着いて待つことにつながります。

沈黙を共有することで援助者は成長する

❶沈黙して考える時間にも寄り添う

面接援助技術は相手が話しながら、自分で整理し、自己決定することを助ける

159

ものです。時に話し、時に沈黙して考え、また語り始めるといった行為を繰り返しながら、その人は自分の人生をたどり、自分なりの道を見つけ出します。面接の醍醐味はこの一人の人が自分を語りながら、自分の足で歩きだすところに共に寄り添っていくことにあるといっても過言ではないでしょう。この沈黙の時間ですら共有することができる援助者になったということは、援助者としても人としても成長したと言えるのではないでしょうか。

❷沈黙の活用例

　では、沈黙の活用例を見てみましょう。以下の例は、母親を看取ったAさんが妹を介護しなければいけなくなったという状況です。相談に乗っているうちに、Aさんは苦しい思いを吐き出します。

Aさん	「こんなふうになるとは思ってもみませんでした。なぜ私が妹を看ないといけないのか……」〜沈黙10秒〜
援助者	「ええ……」〜沈黙3秒〜
Aさん	「だってそうでしょう。この間、母親を看取ったところなんですよ。なんでこんなことにって、やっぱり何度も……ね」
援助者	「うーん……」〜沈黙5秒〜
Aさん	「（少し顔をあげて）でも、仕方ないですね。これが運命なんですものね」

　Aさんはこの後も行きつ戻りつしながら、今の状況を受け入れていきました。この時にもちろん復唱したり、言い換えたりする技術も有効です。しかし、その相手の感じている今この時を尊重するのに沈黙ほど有効なものはありません。

　どちらかといえば受け身な姿勢の人、黙っていることが多い人は聴くことが上手だと言われますが、それは、相手の邪魔をせずに沈黙を共有することができるからでしょう。一方、専門家として、沈黙を意識的に活用する点が、無意識にやることとは異なります。意識的に「沈黙する」ことで、沈黙を本当の意味で共有できるようになっていくことでしょう。

10 受け止める技術 ❹ 沈黙する

まとめ

- 時に、沈黙はその人なりの歩みを促し、深めていきます。
- その人自身が語りだす瞬間を邪魔しないために、沈黙とつきあうことに馴染んでいきましょう。

「引き出す沈黙」と「控える沈黙」 COLUMN

「引き出す沈黙」とは、相手の話を引き出すための沈黙です。沈黙があると、「何か話さなきゃ！」という気持ちになります。脳をフル回転させ、何を話そうかと考えている時、それまで自分でも気づかなかった言葉やアイデアが出てくることがあります。部下と上司という間柄であれば、部下に、自分で考えて行動する習慣を身につけてもらうためにも、引き出す沈黙を使ってみましょう。利用者との関係においても、真の悩みやニーズを引き出すきっかけになります。

この「引き出す沈黙」の前提に「控える沈黙」があります。「控える沈黙」とは、自分が言いたいことを控えておくための沈黙です。相手の話を聴こうと思っていても、気を緩めると、つい話してしまっている自分がいるものです。話題が相手よりも得意な分野、経験している分野ならなおさらです。控えていることで、相手に発言のタイミングを提供し、発言を促すことになるのです。

11 受け止める技術❺
感情を受け止める

> **POINT**
> 感情を受け止めることは
> 感情の整理へとつながります。
> ここが面接のポイントです。

「整理される」体験とは、何が起きているのか?

「人間は感情の動物」とよく言われます。この言葉は「人間が感情的になるのは自然である」という文脈で使われることが多いと思いますが、実際のところ、人間の行動を感情が決めていることが多いのです。例えば、あの人は腹が立つ(あの人はよくしてくれる)→嫌いだ(好きだ)→一緒にいたくない(一緒にいたい)→別行動を取る(行動を共にする)という流れは、誰にとってもわかりやすい例と言えるでしょう。

私たちの行動は喜怒哀楽の感情によって影響を受けています。その感情が湧き起こるには、湧き起こる状況への解釈や理解がその人の中に起きているからなのです。話が始まる時、たいていはまず状況が語られ、それに付随して湧き起こった感情が語られます。自分自身が感じている感情を説明しようと、状況を語り、また状況を語ることで感情を語るのです。つまり、自分自身に生じている複雑な感情を語るのに多くの言葉を必要とします。語ってみて、まだ十分語り尽くせていない場合、その満たされなさやもどかしさが、より適切な言葉を訪ねて探す原動力になるのです。それは、言葉を内的体験に照らして吟味し、自分で確認していく体験です。その時、そのままを受け止めてくれる聞き手がいると、話し手は、「こういうことでこういう気持ちになっていたんだ」と受け止めることができ、「この感情は感じても大丈夫なんだ(大丈夫な自分なんだ)」となっていきます。そしてこれが、「整理された」と感じられる体験になっていくのです。

11 受け止める技術❺感情を受け止める

そのままを受け止める

「感情を受け止める」を実践する

　では、「感情を受け止める」を実践してみましょう。前述したとおり、「状況説明＋感情」という枠組みを前提にします。
　「辛いんです」など、感情から話される場合もありますが、その場合も「どうされましたか」と聴いていくと、たいていは状況の説明をされることが多いでしょう。先に話される状況説明をしっかり聴いた上で、感情を受け止めていきましょう。そして、感情が語られる時、感情そのままの言葉で語られる場合や、その感情を直接語らず、ニュアンスとして込められている場合、時には身体表現というノンバーバルな表現で語られる場合など、感情の表現方法はさまざまです。表情や身体表現、言葉に込められた感情を理解し、聞き手がその感情を適切に言葉で表現して応じる必要があるのです。

> **応答例**
> 「（あなたは）○○なお気持ちなんですね」
> 「○○と感じておられるのですね」「お辛いですね」など。

　この時、違う言葉で言い換えてみると、言い換えのほうが自然に伝わることも多いでしょう。しかし、時にその人自身のゆるぎない、変えられない言葉に出会うこともあります。その時はその気持ちの大切さを感じ取って、そのまま返しま

しょう。このように、その人の在り様も感じ取りながら、感情の応答は続いていきます。

> **会話例❶**
>
> **Aさん** 母の目が覚めたと聞いて、すぐに病院に向かいました。父と一緒に病室で母が目覚めているのを見た時、涙が止まりませんでした。
>
> **CM** 本当に信じられなくて……、本当に嬉しかったのですね。
>
> **Aさん** ええ、本当に……。父は「今頃起きたのか」とぶっきらぼうに言っていましたが、本当は父も嬉しかったんだと思います。
>
> **CM** お父さんも嬉しかったのでしょうね。
>
> **Aさん** 父は照れ屋なので言葉には出しませんが……本当によかったです。

　この応答からもわかるように、感情の受け止めをする際には、相手の状況を聞き、相手の感情をできるだけ正しく理解していることが必要です。感情に応じてもらうことで、その人自身が少しずつ着地していきます。

> **会話例❷**
>
> **Bさん** 毎日、姑がいつも自分を見ているので息が詰まりそうです。
>
> **CM** とてもたまらないお気持ちですね。
>
> **Bさん** 正直、死んでくれたらいいと思うんです。
>
> **CM** もういい、楽になりたい……そんなお気持ちでしょうか。

　どんな感情もそのまま受け止めようとしてもらうことで、話し手は、心の中に溜まっていた感情が昇華され、すっきりした感じを持ちます。いわばカタルシスを体験していると言えるでしょう。

　表現される感情によい・悪いはありません。ただ、感情に突き動かされて動いてしまうことはよい結果を生まないことが多いでしょう。面接で感情を表現しながら整理していくことができれば、話し手は自分で感情を受け止めながら、その人の進むべき道を選びとっていきます。

　感情を受け止めるためには、援助者は自分の価値観を脇に置くことが求められます。自分の価値観で聴くと、よい・悪いという色眼鏡をかけて聴いてしまうことになり、つい批判的な言動になったり、逆に感情移入してしまう場合もあるか

もしれません。

　援助者は、自分の価値観を脇に置くこと、そして、その人の経験している感情や内的世界をあたかも自分が感じているかのように受け止めること、これが最初に必要な訓練です。話し手自身が自分の感情に気づき、自分のペースで表現していくことを、援助者は側面的に支えていくのです。

「聴きすぎる」という課題

　時には、「聴きすぎる」という問題も起こってきます。人は語らないことで、心のバランスを取っていることもあります。「聴く」ということは、話し手が、思いのほか表現してしまって、自分の心のバランスを崩してしまう危険性もはらんでいるのです。その人の歩みにペースを合わせること、人には話さない自由もあることをわきまえておきましょう。

　まずは、その人の歩みに添って、語られるところを大切に受け止めてください。感情が出せるかどうか、それもタイミングがあるのです。その人と一緒に歩こうと思うなら、その人自身のタイミングやペースを大切に、時には立ち止まったり、休憩してもいいかもしれません。聴くことはあくまで側面的サポートです。主体は本人なのです。急いでいるのは誰でしょうか。あるいは、聴きたくなっている、解決したくなっているのは誰でしょうか。本人の歩みに添ってゆっくりと歩いていきたいものです。

・自分の価値観は脇に置いて、
　本人の感情をそのまま受け止めてみましょう。
・相手のペースに合わせて側面的に支えることを意識します。

12 受け止める技術❻ 要約する

> **POINT**
> 要約する技術は面接の最重要ポイントです。
> 面接の要所要所で要約する技術を
> 活用しましょう。

「要約する」の効用

「要約する」とは、相談者が語った内容や考え、表出された感情をいったん「まとめる」ということです。

面接援助技術とは、相手の世界を理解し、そのままを相手にお返しするということを今までお話ししてきました。「要約する」という技術もまた、相手の語りを聴いた上で、相手が語ったことをまとめて相手に返し、こちらの理解に間違いがないかどうかを確認する作業です。それは、相手と一緒に歩んできた土台を一つひとつ積み上げていく作業とも言えます。

相談者にとって、「要約される」ことで、話したかったことがきちんと援助者に理解されたかどうかを確認することができます。また、要約を聴くことで、自分自身が抱えてきた問題を客観的に見直すことを助けます。

同時に、要約の確認によって、相談者と援助者の間に共有感が育まれます。二人の間にできた共有感は、相談者が抱えてきた課題を整理することを助け、整理によって解決へのアイデアが生じやすくなるのです。

この要約を実行するためには、以下のプロセスが必要になります。

❶ 相手の言いたい大事な部分をそのまま受け止める。相談者が言いたかった中心の出来事、それにまつわる感情や行動に注目して、聴くことが求められる。
❷ 語られている出来事から分析して、相談者に「何が起きているのか」を明確にする。

12 受け止める技術❻要約する

要約して課題を整理

❸これまでの面接から何が起きているのか、相談者が何を言いたいのかを中心に、理解したことを援助者の言葉で伝える。

　要約するという作業自体が課題解決の方向性を明確にしてくれます。要約の後に、より問題解決に向けて話し合いが進むこともよくあることです。要約の効用を感じるためにも、❶❷❸のプロセスを行ってみましょう。

「要約する」の実践

　要約とは、相手の世界を尊重し、話し手が最も話したいことをそのまま、まとめて応答することです。ここでは、「復唱する」「言い換える」等の技術を駆使しながら、1つのまとめとして返していきます。

妻	夫にもの忘れの症状が出てきた時、ちょうど子どもたちは、自分の子育てと日々の暮らしで必死でした。そういう年代の時ってあるでしょう。だから、私は子どもには何も言いませんでした。夫は常々子どもに迷惑をかけたくないと言っていましたから。
CM	ご主人は子どもさんに迷惑をかけたくないと思ってこられたんですね（復唱）。
妻	（うなずく）でも、今となっては言っておけばよかったのかもしれません。デイで転倒して入院した時、医師から認知症があると聞いた長男は、「なぜ言ってくれなかったのか」「施設に行くしかないな」と言いました。それを聞いて、正直とても情けなくなりました。簡単に決めないでと思ったのです。
CM	お子さんの負担にならないようにと思ってきたのに、長男さんが簡単にご主人の今後を決められたこと、ご主人の気持ちが伝わらず悲しい思いになられたのですね（要約する）。
妻	はい、子どもたちはなんにもわかっていないのです……（続く）。

　この要約は短い要約です。場面によっては、復唱や言い換えを使いながら、相手の話が一段落するまで待ち、一段落してから要約する場合もあります。

　また、面接の最後に今日の面接の内容や共有したことを要約することも多いでしょう。面接の最後に今日の面接を要約することから、「要約」の練習をしてみてもよいでしょう。

CM	本日のご相談は、ご主人の介護について、ご家族の協力が得られないとすれば、どのような援助方法があるのかを確認したいということでした。本当はご主人の思いを長男さんたちにもわかってほしいという思いも持っておられました。でも、今はこのまま様子を見ていきたいということでしたね（ここまでが要約）。 このような理解でよろしかったでしょうか（合意形成）。ご主人・奥さまの思いも大切にしながら、今後も一緒に考えていければと思っています。

要約する場面は、相談者にとっては、そのままを受け止めてもらえたと感じる場面です。相談者が心の重荷を受け取ってもらえたと、よりはっきりと感じる場面なのです。要約は難しい技術と思うかもしれませんが、今話されたことを「まとめてみる」ことを心がけて行っていきましょう。

面接の最後に「要約する」重要性

　面接の最後なので、面接の中で話し合ってきた事柄が話し手と聞き手の二人の中で共有されています。ここで「こんなことでしたね」と共有した事柄を「要約する」ことは、まず共有した事柄が明確化され、再確認することができます（190ページ参照）。同時に、その時間と経験を共にした共有感が生まれ、お互いの結びつきを強くする作用があります。

　この最終場面での共有感は信頼関係を醸成します。相手には「この人は信頼できる」と感じられる場面かもしれません。実際の面接でも、ここでは「すっきりしました」「胸のつかえがとれました」「これから何をすればいいのか見えてきたように思います」「丁寧に聴いていただいてありがとうございました」などの言葉が相手から出てくることが多いのです。

　「今日はこんなことが明確になりましたね。その上で次回は……」と、面接の最後に要約してみましょう。この要約は、対人援助の基盤である信頼関係をつくっていく重要な場面なのです。

❶まず、相談者の言葉を受け止めます。
❷次に、相談者に起こっていることをまとめます。
❸そして、相談者が何を言いたいかを中心に援助者の言葉で伝えます。

13 受け止める技術❼ ねぎらう

> **POINT**
> 「来ていただいて」「話していただいて」ありがとうございます、という感謝のねぎらいから、相手の状況をよく理解した上での受容的なねぎらいまで、使いこなしましょう。

まずは「ねぎらう」ことから始めてみる

　対人援助職であれば、目の前に現れた人に思いを寄せることができる人でなければなりません。この思いを寄せるとは、相手の状況を察したり、感じたりできる力のことです。それは「今日、相談に来られるまでどんな思いでおられたのだろう」「今日の来所にあたって、とても緊張してこられたのではないだろうか」など相手のことを察し、そのお思いを感じ取ろうとすることです。

　そのような姿勢の援助者であれば、来所された人にまず相手をねぎらう言葉をかけたくなるでしょう。自然な気持ちの声かけなので、あえて技術と言うと抵抗があるかもしれません。しかし、技術とすることで、誰もが相手を思ったりねぎらったりする行為が意識して生まれてくるのであれば、それは専門職の技術として機能していると言えます。ねぎらいによって、相談に訪れた人がオアシスにたどりついたように、まずはホッとできる、その作用がこの「ねぎらい」の技術にあるのです。

　ねぎらいの言葉をかけたからといって、相手とよい関係が必ず得られるわけではありません。うまくいかない場合の理由を何点か挙げてみましょう。❶ねぎらう行為に相手を思う気持ちが感じられない場合、❷どこかねぎらってあげているという上からの態度が感じられる場合、❸ねぎらいが頻発する場合、などが挙げられるでしょう。❶や❷は援助者側が持っている価値感や態度が利用者本位では

ないのでしょう。❶や❷は自然に考えてもわかりやすいかもしれません。ですが、❸のねぎらいをしているのに、よい関係が培われないのはなぜなのでしょうか。

　ねぎらいを頻発されると、かえって気を遣われすぎているようで落ち着かなくなってしまうことがあります。「暑かったでしょう」「ここまで疲れませんでしたか」「大丈夫ですか」「しんどくはないですか」といったようにたたみかけるように言われると、かえってしんどくなってしまいます。また、「大変ですね〜」などを連発されると、どこか他人事のようです。「大変ですね」と「大変な思いをなさってきたのですね」という表現は、相手に与える印象が全く違うのを感じられるでしょうか。「大変ですね」と言いながら、相手の話を十分に聴こうとする面接援助技術が使われていないこともよくあります。質問も復唱もなく、ただ「大変ですね」を繰り返すと、何だか馬鹿にされたような気持ちになると思います。

　ここから言えることは、相手を理解したいという気持ちや態度が伝わるように、他の面接援助技術も用いることで、「ねぎらう」という技術が活きてくるということです。前述の「大変ですね」の例で説明したように、ねぎらう技術も、どんな言葉でねぎらい、それが相手にどんな印象を与えるのかを考えておくことが必要なのです。

「ねぎらう」の実践へ

　ねぎらう技術は、どんな言葉の声かけなのでしょうか。
　簡単に思いつくものに、「よく来てくださいました」「お時間を取っていただいてありがとうございます」という感謝を述べる形での表現を思い起こされる方もいると思います。

これは、面接の最初、つまり、今日この場に来ていただいたことをねぎらう表現です。これは、日常でもよくされているのではないでしょうか。

　話を聴かせていただく中でのねぎらう技術として、「それは大変でしたね」「その状況で頑張ってこられましたね」「なかなかできることではないと思います」「本当にお疲れになったでしょうね」など、相手の言動をねぎらいます。

　面接の終わりには、「今日はいろいろと聴かせていただいてありがとうございました」「娘さんも大変な状況の中、よく来てくださいましたね」「一緒にここまでお話ができて私も嬉しいです」などのねぎらいの言葉をかけます。そして、最後に、援助者の姿勢を伝えます。「今後も少しでもよい方向になるように、一緒に考えさせてください」など、共に考えていくことを表明します。

　これらのねぎらいの技術を、面接前、面接中、面接終了時に行うだけで、コミュニケーションは円滑になります。意識して、このような援助者の自己表明を行ってみましょう（図表4-7）。

　面接の最初や終了時のねぎらいは、どんな状況にも応用がきくと思います。しかし、面接中においては、その状況にふさわしいねぎらいが求められます。

例

Aさん　妻が発病してからこの半年、夜に起こされることが多くなりました。最近はそれにも慣れてきて、うまく昼寝をしたりして、自分なりにこの状況へのつきあい方ができるようになってきました。

CM　夜起こされる状況を受け入れながら、工夫をしてこられたのですね。なかなかできることではないと思います。

図表4-7　ねぎらいの表現

面接前	「（例：足もとが悪い中、）よく来てくださいました」 「お時間を取っていただいてありがとうございます」
面接中	「それは大変でしたね」「その状況でよく頑張ってこられましたね」 「なかなかできることではないと思います」「本当にお疲れになったでしょうね」
面接終了時	「今日はいろいろと聴かせていただいてありがとうございました」 「大変な状況の中、よく来てくださいました」 「一緒にここまでお話ができて私も嬉しいです」 援助者の態度表明：「今後も少しでもよい方向になるように、一緒に考えさせてください」

ねぎらいの技術を機械的に使うことはできません。ねぎらいは、相手の状況をきちんと理解した上で活きてくる技術なのです。

「ねぎらい」の最大の効果

　相談者が苦しかった気持ちを吐露した時に、「よく話してくださいました」「辛いお気持ちをここまで抱えてこられたのですね」など、苦労をねぎらいます。このように、相談者の抱えている苦労や辛さという気持ちに直接声をかけることで、相談者自身が自分の気持ちを受け入れ、すっとラクになり、前に進めるようになるのです。それが、この技術の最大の効果と言ってもよいでしょう。

　反面、ねぎらいは、時に評価的な言葉かけになることがあります。例えば、「ご苦労様でした」は、ねぎらいによく使われる言葉ですが、上位者が下の人に向かって言う言葉であることはご存知でしょうか。また、「よく頑張ってこられましたね」という言葉も、聞きようによっては、評価的な言葉に感じられる場合もあるでしょう。援助者は「してあげている」といった上からの視点に立ちやすいポジションです。パターナリズム（父親的温情主義）に陥らないよう、上位者的な態度には意識して気づいておきたいものです。

- ねぎらいは、相手の状況を理解した上で活きてくる技術です。
- 相手を理解し、苦労を察しながら、上位者目線の言葉にならないよう、意識してねぎらいの言葉をかけていきましょう。

14 質問する技術❶ 閉じられた質問・開かれた質問

> **POINT**
> 質問のバリエーションが広がると、
> 意図的な質問ができるようになるでしょう。

相手の話を聴きながら質問をしていく技術

　状況把握において質問は最も効果的な技術です。相手にこちらから質問することで、相談の全体像が見えてきます。そのためにも、何を聴くとその人の相談の全体像が見えてくるのか、ということを知っておかなければなりません。

　先日、ある方が、今までは面接で言われることをそのままノートに書いていましたが、ノートを書く時にどこに何を書くのかをイメージして書くことにしました、と話されていました。これがいわばアセスメントシートの始まりです（アセスメントは第2章**03**項を参照してください）。

　アセスメントシートは、全体像を捉えるために有効ですが、各項目について聴いていく時、「質問する」という行為が必要になってきます。つまり、質問するとは、何を聴こうとしているのか意図的なものであるということなのです。

　この時、「閉じられた質問」と「開かれた質問」の2つの技術を用いますが、質問に2つの技術があると知っただけでは、面接で役立てることができません。面接において役立てるためには、この質問の技術をどのように使うかです。

　それは、「援助職側が必要な答えを得られるのか」「相手にとって答えやすいのか」という2つの視点で考えていくと、質問という技術の使いどころが見えてくると思います。

14 質問する技術❶閉じられた質問・開かれた質問

図表4-8 閉じられた質問と開かれた質問の対比表

閉じられた質問	開かれた質問
メリット（使いどころ） ・確認事項がはっきりしており、明確に答えがほしい時 ・短時間で確認事項を確認したい時 ・誰でもが同じ質問ができて、答えを得やすい	**メリット（使いどころ）** ・相手の主観的事実を確認したい時 ・相手の考えや思い、決断などその状況を深く聴きたい時
デメリット（欠点） ・話が広がらない ・話したいことを自由に話せない ・第3の選択肢を見落としがちになる ・事務的で尋問のようになりやすい ・相手に一方的な印象を与える	**デメリット（欠点）** ・質問者に質問力が必要 ・質問される側の理解力が必要 ・答えにくい質問もある

閉じられた質問・開かれた質問

　相手の人に「はい、そうです」か「いいえ、違います」といったようなシンプルな返事を求める質問もあれば、「どういったことでしょうか」「いつからなのでしょうか」といったように相手が自由に答えていく質問もあります。この質問の形態を、「閉じられた質問」、「開かれた質問」と言います。

閉じられた質問と開かれた質問の対比（図表4-8）

　2つの質問の例を挙げてみましょう。

例❶閉じられた質問

CM　　〇〇デイサービスはご存知ですよね。

利用者　はい。

CM　　1度、見学に行ってみませんか。

利用者　いいえ、行きたくありません。

例❷開かれた質問

CM　　デイサービスの利用についてどう思いますか。

利用者　あまり気が乗りません。

CM　　そのように思われるのはなぜでしょう。

利用者　知らない人のところには出ていきたくないのです。

---

4 面接援助技術の技法

175

この２つの質問にどちらがよい・悪いということはありません。場面によって使い分けが必要なのです。２つの質問は各々特徴があり、各々に補い合っているのです。２つの質問の特徴を見ていきましょう。

「閉じられた質問」とは、例❶に見られるように、○、×やはい、いいえで答える質問の形態です。この質問のよさは、二者択一のため、明確に確認したい時や短時間で聞きたい時に有効です。また、質問が明確なので、誰が行っても答えを得やすく、答える相手も二者択一で答えやすいといった点もメリットです

　一方、「開かれた質問」とは、相手が自由に答えられる質問の形です。それは、「いつ」「どこで」「誰が」「何を」「なぜ」「どのように」といった５Ｗ１Ｈの質問形が基本です。この質問であれば、相手が何を話すかは相手が決めることになります。この５Ｗ１Ｈの質問形を見ていると、気づいた人がいるかもしれませんが、開かれた質問にも、閉じられた質問に近い限定的な質問と、相手に自由に説明してもらったり、考えてもらう質問があります。

開かれた質問の2つの例

例❶開かれた質問（限定的質問）

「脳梗塞での入院はいつ頃でしょうか」（○月頃です）

「入院先はどこですか」（●●病院です）

「その時に介護にあたられたのはどなたですか」（娘です）

「医師からの説明はなんと言われていましたか」（1週間で退院できると……）

　開かれた質問でも、この質問形態は客観的事実を確認するのに優れています。閉じられた質問よりは自由に答えられますが、明確な答えを求めています。

例❷開かれた質問（相手に自由に話し、考えてもらう質問）

「医師から説明を受けた時、どのように思いましたか」

「なぜその時はそれが一番いいと思ったのですか」

「自宅に帰ろうと思ったのはどんな気持ちからですか」

　この質問形態は、先ほど挙げた５Ｗ１Ｈのなかでも特に「なぜ」「どのように」

といった質問になります。

この質問形態だと、相手の裁量は大きく、自由に話すことができます。そして、この質問では、相手の主観的事実を確認することができます。相手の考えや思い、決断などその状況を深く聴くことができるのです。ただ、この質問は質問の表現によって、相手からの答えに広がりが出てきます。質問する人の質問力が問われてくるところです。また質問される人も何を聞かれているのかがわかりにくかったり、答えにくい場合も生じます。答えにくい場合は、質問者から質問の意図を伝えなければなりません。質問者がより意識的に質問することが求められてくるのです。

質問にさまざまなバリエーションがあることがわかると、意図的に質問を使えるようになってきます。相談援助職であれば、意図的に質問することは絶対に必要な技術なので、確実に身につけましょう。

- 「開かれた質問」と「閉じられた質問」はよく使われる質問の技術です。
- 2つの質問を効果的に用いて、相談者の置かれた状況を的確に判断しましょう。

15 | 質問する技術❷ 広げる質問・深める質問

> **POINT**
> 広げる質問で情報を詳細に豊かに取り、深める質問で相手の気づきを促します。

さらに面接内容を豊かにする質問方法

　質問の形態に閉じられた質問と開かれた質問があると解説しましたが、これを単純に利用するだけでは、情報収集の時に質問を使うという域を超えません。

　しかし、質問は単なる情報収集にとどまらず、1つの領域を広く豊かに確認したり、その時の心情や本人が気づいていない思いを一緒に共有していくことにも活用できるのです。

　ここでは2つの質問について解説します。1つ目は「広げる質問」、2つ目は「深める質問」です。この2つを使えるようになると、面接の内容が豊かになります。また、相手も答えを言葉にして口に出すことによって、より的確に伝えようとすることで、自分では気づいていなかった思いに気づくことがあるなど、相手が自分自身を整理することにもつながっていきます。

「広げる質問」

　「広げる質問」は、相手が話した内容が広がるように質問していきます。最も使える場面はアセスメント場面です。アセスメントの際に出された内容をもう少し詳細に確認していく時に、前述した、開かれた質問を使って広げていきます。

　例えば、食事の話から、食事のとり方を確認していきます。そのまま、調理の話や後片づけといったIADLの確認や、噛みにくさや飲み込みにくさといった食

15 質問する技術❷広げる質問・深める質問

べることに関しての情報が入るかもしれません。このように1つの項目から広げていくことで、情報が豊かになっていきます。

> **例：食事の話から**
> CM　「食事はどのように食べていますか」（状況）
> CM　「一日に何回食べますか」（回数）
> CM　「何時頃に食べますか」（時間）
> CM　「朝食は、何を食べましたか」（内容）
> CM　「食べにくいものはありませんか」（食べにくいもの）
> CM　「誰がつくったのですか」（調理）
> CM　「食器は誰が洗いますか」（洗い物）
> CM　「後片づけをお手伝いしますか」（片づけ）
> CM　「今まで調理をしたことはありますか」（過去）

例に出した質問からさらに多くの質問ができます。例えば、後片づけの場面から、「食べた食器を洗い場に持っていきますか」「洗ったお皿を棚に戻したりなどはされていますか」など、さらに具体的に聴くこともできるでしょう。つまり、1つの話題から、その話題にまつわる質問が展開され、生活の詳細が見えてきます。

これらの話題を展開する際に、アセスメント内容項目を頭に入れておくと、最初の話題に関連して押さえておくべき質問をすることができます。例えば、着替

え、入浴、排泄などの項目が理解できていれば、入浴から着替え、入浴前の排泄など関連づけて質問を順に広げていくことができます。

重要な質問は過去についての質問です。過去という歴史を聴く質問は、時間軸を戻して、その人自身が過去にしてきた経験や習慣などが見えてきて、人柄や生き様、価値観などにもふれることができます。この歴史を確認する視点を「広げる質問」として、積極的に行ってみてください。本人の持っているストレングス（強み）やその人自身の"人生"への理解も助けてくれるでしょう。

「深める質問」

話し手が語ったことから、質問によってもう少し話を深めていくのが「深める質問」です。「深める質問」を展開する時のキーワードは、「具体的に」「もう少し」「他には」「別の言葉で言うと」などです。これらの言葉を質問に加えることで、相手にさらに語ってもらうように促進していきます。この質問により、相手は自分で意識している状況以上の内容が出てくることが多くなります。それによって、可能性や自分の考えの再確認など、気づきがもたらされることが多いのが、この深める質問の効用です。

例

長女　母親の対応を見ていると心配になることがあります。

CM　具体的にどんなことが心配になるのですか。

長女　父がやろうとしているのに、母が手を出しすぎてしまうのです。

CM　お母さまが手を出しすぎてしまうのですね。心配になるとは、違う言葉で言えばどういうことなのでしょうか。

長女　父が母になんでも任せてしまって、自分でやろうとしなくなるのではないかと思うのです。その結果、寝たきりになってしまわないか、それが心配なのです。

ちなみにこの状況に「広げる質問」を行うと、母親が父親にどのように手を出してかかわっているのかについて聴いていくこともできるでしょう。

一方、「深める質問」では、その人の「心配」に沿って聴いているのがわかるで

しょうか。このように「深める質問」では、語られた内容の中で、特にその人にとって感情にまつわる言葉、何度も話される言葉など、話し手にとって大切な言葉に着目して、深めていきます。

　この質問のポイントは、話し手のことを早合点してしまわないことです。話し手が言おうとしている状況をわかってしまうと質問にはなりません。例えば、「手を出しすぎてしまうのが心配」といえば、状況的にイメージしやすいかもしれません。しかし、そこでもう一度話し手の心配との関連を質問することで、その人が自分の言葉で「心配」について語ることができます。援助者も、「長女さんは寝たきりにならないかまで思っていたのだ」と知ることができるのです。このように見てくると、深める質問は、「わかってしまう」となかなかできない質問かもしれません。ですが相手のことは相手に聴かないとわかりません。また話し手も語る中で気づきが起きてくることが多いのです。相手の言葉から援助者が思い描いたイメージが、相手の話す内容と同じだったとしても、その人に語ってもらうことが重要なのです。

「深める質問」は、相手に気づきを与えるという機能があります。深めるということは、自分の思いを言葉にすることを促進するので、相手の思っている以上の領域にかかわっていく場合も少なくありません。面接後に「話しすぎてしまった」という気持ちを感じる場合もあるでしょう。あるいは、本音を語ることでお互いの認識を深めていくことが必要な場面もあります。そういった意味からも、援助者は、相手と真摯に誠実に向き合い、繊細に丁寧に、そして意図的に相手の語りを聴かなければなりません。大切なことは、相手の語るペースを感じて、それに寄り添っていこうとすることなのです

> **まとめ**
> 広げる質問や深める質問で、起こっている事象を広く、豊かに確認し、具体化していきましょう。

16 語る技術❶ 自分の言葉で伝える
—私メッセージの活用—

POINT
「あなたは」こうすべきです、よりも
「私は」こうしてもらえると嬉しいです、のほうが
相手に受け入れられやすいでしょう。

伝える技術

　コミュニケーションは「聴く」と「語る」という行為によって成り立っています。今までの技術は「聴く」に関連したものでした。これは、とても重要で効果的なアプローチです。しかし、「聴く」だけでは、コミュニケーションは成立しません。「聴く」と「語る」の両方があってはじめて成立するのです。
　それでは、私たちに求められている「語る」とはどのようなものでしょうか。

> **例**
> **Aさん**　今日も遅刻しそうになってね……。なんとか間に合ったんだけど
> **Bさん**　何時に起きているの？　もう一本早い電車に乗ってみたら

　遅れそうになったことを話しているAさんに対して、Bさんが助言しています。この時、Aさんは素直にBさんの言葉を聴けるかというと、そうではありません。Bさんの助言は正しいのですが、Aさんには注意され、干渉されたような気持ちが残ります。「やろうと思っていたのに（先に言われるとやる気をなくす）」という気持ちが起きることもあります。つまり、相手に「抵抗感」を残してしまうのです。
　私たちは、相談を受ける立場として、どのようにすれば、相談者にとって役立ち、より受け入れやすい助言ができるのでしょうか。助言の内容はその時々で変わるでしょうから、面接援助技術では、その内容ではなく表現を技術としてお伝えしていきます。

16 語る技術❶自分の言葉で伝える

図表4-9 「あなたメッセージ」と「私メッセージ」の対比

あなたメッセージ	私メッセージ
あなたはこうしたほうがよい 「(あなたは) 介護保険の申請をしたほうがいいですね」	私はこのように思います。 「(私は) 介護保険を申請するのがよいと思います」
あなたはこうしてください 「(あなたは) 次はお母さんと面談できるよう設定ください」	私はこのようにしてくれると嬉しいです。 「(私は) 次はお母さんにお会いできると嬉しいです」
＊あなたメッセージは、命令・批判・指示的に伝わりやすい	＊自分の気持ちに焦点を当てて伝えるので、相手に意図や提案が伝わりやすい

相手に伝わりやすい表現とは

相手に伝わりやすい表現を考えるために、先ほどの例にあえて主語を加えてみます。

例

Aさん　(私は) 今日も遅刻しそうになってね……。なんとか間に合ったんだけど

Bさん　(あなたは) 何時に起きているの?　もう一本早い電車に乗ってみたら

Bさんの返事の主語は、「あなたは」でした。助言であれば、「あなたは」を主語にするほうが自然なことですし、実際、家庭や友人、職場など、どの場面においても「あなたは」を主語にした会話がほとんどでしょう。自分がとても尊敬している師匠や上司など、上下関係がはっきりしている場合や明確にどうするかを言ってほしい場合などは、「あなたは」を主語にしたメッセージ (「あなたメッセージ」) はとても有効です。しかし、「あなたメッセージ」は、命令・批判・指示的に伝わるため、相手に抵抗感を生むことがあります。「助言しても素直に聞かない」という場合は相手に抵抗感があるのです (図表4-9)。

では、どうしたらよいでしょうか。簡単なことです。主語を「私は」に変えてみるのです。あなたへの助言を「私は」に変えるのは、少し不思議な感覚を覚えるかもしれませんが、先ほどの例の主語を「私は」に変えてみましょう。

> **例**
>
> **Aさん**　（私は）今日も遅刻しそうになってね……。なんとか間に合ったん
> 　　　　　だけど
>
> **Bさん**　（私は）もう一本早い電車に乗れば安心だと思うけど、どうだろう

　主語を「私は」に変えて、こう思う、こう考えるのだけどどうでしょうか、と
いう文脈に変化しました。言いたいことは先ほどの例と同じですが、受け取られ
方は全く変わるでしょう。この「私は」を主語にしたメッセージを私メッセージ
と言います。私メッセージだと、「私はこう感じるけど、どうかな」という提案型
となり、相手が受け入れやすくなるというわけです。

　私メッセージは本質的に、一人の人間として相手の尊厳を守っている在り様な
のかもしれません。その人の行為はその人が決めることです。面接では、違う人
間である「私」（援助者）が私として意見を伝えます。それを聴いて本人がどう考
え決定するかという営みをサポートしていくのです。

私メッセージで伝えてみる

「私は」を主語にする私メッセージをどのように会話の中で使っていけばいいの
かをみていきましょう。

> **例**
>
> **Cさん**　母が食べなくて困っています。
>
> **Dさん**　食べやすいものを出してあげるべきでしょうね。

　このDさんの主語は「あなたは〜を出してあげるべきでしょうね」なので、あ
なたメッセージです。この会話では助言が強い感じを受けます。

> **例**
>
> **Cさん**　（私は）母が食べなくて困っています。
>
> **Dさん**　（私は）なぜ食べないのかがわかれば、対処法を考えることができ
> 　　　　　るかもしれません。食べない理由を一緒に考えていきませんか。

184

これは、「私は〜できるかもしれません」というように「私は」が主語なので、私メッセージです。今後一緒に考えていくことへの提案となっていますね。この私メッセージで一緒に考えていく感じを伝えられると、本人との間のラポールの形成にも有効です。

少し意識するだけで、私メッセージは身についていくでしょう。相談場面だけでなく、日頃のプライベートな人間関係でも、私メッセージは役立つことが多くあります。自分の言葉で伝えるために、ぜひ身につけてほしい技術です。

> **まとめ**
> なるべく「私」を主語にしたメッセージを
> 心がけることで
> ラポールの形成につながります。

「技術」よりも「存在」を意識する　COLUMN

面接援助技術を学んで、技術として活用することは面接を効果的に行うために大切なことではありますが、だからといって、あまりに「復唱」や「言い換え」「要約」を言葉にしようとしたり、やたらと「確認」が多くなったりすると、相手の語りの邪魔をしたり、操作的に感じられてしまったりすることがあります。

一番重要なのは、黙って傍に寄り添って、聴いてくれている人の存在です。「聴いてくれている」「一緒にいてくれている」と相談者が感じる、そんな存在になることが理想的な援助者の在り方です。面接援助技術を学んだ上で、技術よりも、面接は「存在」なのだということを改めて確認しておきます。どんな時でもまずは黙って聴くということから始めましょう。

17 語る技術❷ 深く考え、気づきをもたらす

> **POINT**
> 相談の中で「気づきをもたらす」技術は
> 面接援助技術の中でも最も難しい技術です。
> 使いこなせれば大きな助けになるでしょう。

深く考え、気づきをもたらすために必要なこと

「気づきをもたらす」という技術は「対決する」「矛盾を指摘する」というような項目で解説されることが多いのですが、対決する、指摘するという言葉どおり、相手と「向き合う」技術になります。つまり、本質的には、「対決する」ことも「矛盾を指摘する」ことも、相手に深く考え、気づいてもらうことを促進する技術と言えます。

これを行う前提として、相手の話を論理的に聴いていなければ、深く考えることを相手に勧めることはできません。矛盾を指摘することができるのも、論理的に聴いているという前提が必要です。論理的に聴くとは、その文章の流れ、言っている意味や筋道が通っていることを確認しながら聴いている状況です。

深く考えることを促進するために、援助者は論理的に聴きながら、相手の話の流れを確認したり、矛盾があれば相手の思いを確認し、時にはこちらの意見をしっかりと伝えます。つまり、「深く考えてもらい」「気づきを促進する」ためには、これまで解説してきた面接援助技術を駆使することになります。そのため、この技術は最も難しい技術と言えるかもしれません。

図表4-10 気づきをもたらす例

論理的に聴き、面接援助技術を駆使する

「深く考え、気づきをもたらす」技術を具体的に捉えていくために、2つの事例を見ていきます。事例から見えてくる、❶論理的に聴くことと、❷面接援助技術の駆使について解説していきます。

例❶
夫1　妻のことは大切に思っています。そんなことは言わないでもわかっていると思います。
援助者1　奥さまのことを大切に思ってこられたのですね。もし、奥さまにそのことが伝わっていないとしたらどうでしょうか。
夫2　今まで一緒に暮らしてきて、わからないのでしょうか。夫婦であれば言わなくても伝わるものではないのでしょうか。
援助者2　時にきちんと気持ちを伝えないと、伝わっていないことがあると思いますが……。
夫3　……。妻には伝わっていないということでしょうか。
援助者3　今回の奥さまの拒否という行動は、私にはそう見えます。ご主人にはどのように見えておられましたか。

解説

例❶は、妻を大切に思う気持ちを夫が伝えていないことが妻の拒否という行動を引き起こしているという事例です。

❶論理的に聴く

夫は妻を思う気持ちがありながらも、言わなくてもわかるという考えによって、その気持ちを妻に伝えていません。大切に思っていても相手に伝わっていないという矛盾を考えてもらうように、援助者はかかわっていきます。

❷面接援助技術の駆使

援助者1では、夫の気持ちを受け止めつつ、伝わっていない仮定を考えてもらうという質問によって洞察を深めています。援助者2、3では、私メッセージで援助者の意見を述べています。その上で、夫の考えを確認する。夫の現時点での気持ちを受け止めながら、少しずつ論理の矛盾に気づくように介入しています。

例❷

長男1 物をあるべきところに片づけるなんてことは、生活の基本でしょう。まだ言えば片付けられるし、それが習慣になればと思ってね。

援助者1 だから、何度もお母さまにするようにお伝えになられたんですね。

長男2 はい、そうです。そのうちわかってもらえればと思っていました。

援助者2 そうなんですね。それは効果がありましたか。

長男3 言えばできます。でも言わないとできません。なぜわからないのかと思います。

援助者3 どこに置いたかを忘れてしまうのが認知症の症状であり、できなくなっていることを元のようにできるようにするのは難しいです……。でも長男さんは、それはわかっておられるんですよね。

長男4 はい……。母の病気は理解しているつもりです。でも、言えばわかると思って……。母はそんなだらしない人間ではなかったのです。

援助者4 お母さまはきちんと暮らしてこられた方なのですね。

解説

例❷は、認知症の母と暮らす長男との面接です。

❶論理的に聴く

母親は記憶障害のため置き場所に戻せません。長男は母親に指摘する形でかかわっており、母親の認知症という病気の本質的な理解ができていない状況です。

❷面接援助技術の駆使

援助者1では、長男が母親への指摘行為を続けてしまう思いを確認する形で受け止め、援助者2では思いを受け止めつつも、効果を確認するという質問で、現状の理解を共有しています。援助者3では、認知症の理解を確認しています。

そして、援助者4では、長男がそのことをすでに理解しながらも、ついつい指摘行為をしてしまうことを受け止めようとしています。長男の今までの母親への思いを受け止めることで、今の母親の状況を長男が受け止めていくプロセスを大切にしています。

このように見てくると、❶きちんと論理的に聴いていること、❷長男の思いを受け止めること、❸面接援助技術を駆使していることがわかります。

援助者は、相手の現状の確認から始めて、相手の思いを受け止めながら、一緒になってその葛藤を少しずつ受け入れていきます。そこには、一人の人として真剣に向き合ってくれている援助者の存在があります。相談者は共に歩んでもらう温かさを感じながら、現実の課題に向き合っていくのです。

- 「深く考え、気づきをもたらす」技術は相手としっかり向き合う技術です。
- 相手の話を受け止めると同時に、論理的に矛盾していないか聴いていきましょう。

18 語る技術❸ 合意形成する

> **POINT**
> 小さな合意形成で土台をつくり、
> その上で最終的な合意形成を行うことが
> 大切です。

面接は合意形成の連続

　面接は合意形成の連続です。合意形成とは、意思の合意を形成することです。ここまで解説してきたように、「質問」で相談の内容や相談者の語りの詳細を明らかにし、「言い換え」や「要約」等を行うことで、「このような理解でよろしいでしょうか」と確認する行為を行っていきます。この「確認する」行為が、合意形成の土台です。面接は小さな合意形成の連続で築いてきた土台の上に、今日のまとめとして、面接の最後に最終的な合意形成を行っていきます。

合意形成が形づくる面接

　面接を合意形成の視点で構造化すると、図表4-11のような形になります。質問したり言い換えたり、さまざまな技術によって明らかになった意思を、「このような理解でよろしかったでしょうか」と確認して、相手からの「そうです」という答えによって合意形成が成立していきます。
「こんなことがあったのですね」「それで、あなたはこんな気持ちでおられるのですね」「その結果、このように思っているのですね」と相談者の心の中を確認していきます。そして、明確な意思確認の際に、「では、このような理解でよろしかったでしょうか」という質問ではっきりと確認していきます。この時は閉じられた質問をして、はいかいいえの明確な意思を確認していきます。

図表4-11 合意形成の図

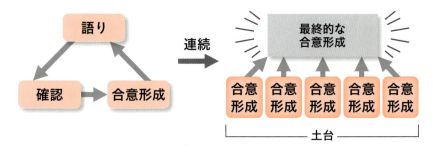

「要約する」技術で、面接の最後に「要約する」重要性について述べましたが、「要約する」と共にこの「合意形成」を必ず行いましょう。

> **例**
> 「今日のお話をまとめますと、長男さんが先にデイサービスに見学に行って、お父さまに合うかどうかを確認するということですね。このように進めていくということでよろしかったでしょうか」

このように、先に面接の内容の総まとめをして、さらに質問で「それでよいかどうか」の確認を取っています。このようにして合意形成を行っていきます。

相談者と一緒に歩く営みとして、合意形成なしに面接を語ることはできません。合意形成は話し手が主体であり、聞き手が一緒に歩む重要な技術なのです。

合意形成の実践

まず私たちが面接に入る際の心構えとして、面接は合意形成を図るものだと認識しておいてください。確認する、合意形成するという図をイメージして面接に入りましょう。そうすれば、自然と確認する行為が身についていくでしょう。

❶相手が話し、援助者は相手の話の内容を確認します。

まずは相手の話をよく聴き、「このような理解でよいか」を確認します。慣れていないと世間話のように、相手の話に対して意見を言ったり、援助者の思いを話

したりしてしまいがちです。まずは、相手の話をよく聴く、次にその話を「このように理解しました」と言い換えたり、復唱したり、要約します。そして「このような理解でよかったでしょうか」と相手に確認します。こうした流れで面接援助技術を駆使して合意形成を行っていきます。

❷ ❶の連続で全体像や今後の方針が明らかになれば、それを総まとめして確認します。

❸ ❶と❷で行った確認という小さな合意形成をもとにして、最終的に大きな合意形成を行います。

> **CM** 今日は、ご主人が元気になっていただくために、BMIを19にするための工夫を考えていくことになりました。1日の水分・食事量をこの表で記載する、デイサービスで体重を測る、その経緯は医師にも随時報告する、ということでよろしかったでしょうか。よろしければ各サービス事業者にも伝達していきます。

この合意形成では、「今日は、ご主人が元気になっていただくために、BMIを19にするための工夫を考えていくことになりました」という結論に至るために、小さな合意形成が面接の中で行われてきた上での総まとめとなっています。

そして、「1日の水分・食事量をこの表で記載する、デイサービスで体重を測る、その経緯は医師にも随時報告する、ということでよろしかったでしょうか」という今後の具体的な手立てを提示しています。時には、いつ誰が表を書き、誰が確認するのかなど、もう少し詳細な提示をする場合があります。

最後に「よろしければ各サービス事業者にも伝達していきます」と、この決定でよければ、それをチームメンバーに伝え、実働していくことを伝えます。

小さな合意形成を行いながら面接を進めていくこと、そして、その日の最終場面では、必ず今日の振り返りとして総まとめと、今後の方針を伝え、最終的な合意形成を図って、面接は終了となります。

18 語る技術❸合意形成する

- 面接は合意形成の連続で成立します。
- 相手と合意形成しながら一緒に歩いていきましょう。

まとめ

4 面接援助技術の技法

「なぜ」の質問には要注意！　COLUMN

　質問には、気づき、考え、整理し、時に意欲も向上する作用までもたらす力があります。そのため、質問力は、重要な面接援助技術です。

　しかし、質問は質問された側にすれば、答えを要求されている状況です。場面によっては質問自体を怖く感じてしまうことも少なくありません。例えば、「あなたはどう思っているのですか」「なぜその行動をとったのですか」と聴かれ続けると、責められているような、自分が不十分と言われているような気持ちになってしまいます。質問とは、外からの刺激であり、諸刃の刃のような作用をもたらすものでもあるのです。このことを理解して、援助者が質問を意識して使うことが重要です。特に「なぜ〜ですか？」という質問は、その理由や背景への説明を相手に求めます。そのため、「なぜ」という質問は時に質問者から責められているような思いを受け手に持たれられやすい質問の形態なのです。それを理解して、面接では「どのようなことでそう思われたのですか」など「なぜ」を使わないような質問の工夫も援助者として取り入れてみたいところです。

　「質問」がもたらす力について、私たちはよく知って、意識して質問していくことが求められています。

ペーシングの訓練   COLUMN

　私が面接の仕事を始めた頃のことです。呼吸が速い人に会った時、まずその呼吸に合わせて、呼吸の調子が合ってきた頃に、少しずつこちらの呼吸をゆっくりにすると、相手の呼吸が落ち着いてくるということを学びました。それ以来、相手の呼吸を感じることを意識しています。これは呼吸を感じるとてもよい訓練になりました。相手を感じることをこの訓練を通じて自分の身体で実感し始めたのです。そして、このことは自分の内側で相手を感じることにつながりました。ケアマネジメントでは自分の内側で相手を感じ「共にする」「共にいる」感覚をどれだけ紡げるかで援助の質が決まります。しかし、この感覚はなかなか言葉や研修で伝えられません。この内側で感じることは「ペースを合わせる」訓練で磨くことができます。まずはペースを合わせるために、呼吸を感じることを意識してみましょう。

逐語で学ぶ
面接援助技術

5

CONTENTS

01 インテークにおける面接援助技術の展開 —相談者の困りごとをしっかり聴けていますか—

02 アセスメントにおける面接援助技術の展開 —本人を全体的に理解できていますか—

03 サービス担当者会議における面接援助技術の展開 —本人中心に合意形成できていますか—

04 モニタリングにおける面接援助技術の展開 —本人・家族の思いに添うPDCAになっていますか—

01 インテークにおける面接援助技術の展開
—相談者の困りごとをしっかり聴けていますか—

ケース

援助者：地域包括支援センター主任ケアマネジャー（以下、CMとする）

相談者：Aさん（長女 55歳）

　Aさんが介護相談会に来所し、両親に関する介護の相談を受けた。

事例の概要

　相談者であるAさんの母は、82歳、要介護2、アルツハイマー型認知症。

　85歳の夫と二人暮らし。高齢の両親の自宅での生活継続と施設入所も含め、今後の暮らしについて悩んでいる。

今回の訪問目的

　Aさんの相談の主訴を聴き、相談者のニーズを把握できるように心がける。

面接の展開

Aさん　両親のことでお聞きしたいことがあるんですが、よいですか？

CM　はい、どのようなことでしょうか？

Aさん　母が重度の認知症と言われているのですが、いつ頃まで、家で過ごせるものでしょうか？①

CM　いつ頃とは、認知症の状態のことですか？② 今、ここでお応えできることかどうかわからないですが、よろしいですか？

Aさん　はい。大丈夫です。お時間とらせてすみません。

　私の実家の両親なんですけれども、82歳の母が3年ほど前に病院でアルツハイマー型認知症と言われました。この前病院に行った時には、重度と言われました。今はなんとかやっているのですが、いつまでやっていけるのかなと思って……。

CM　それぞれの方で違いますので、いつまでというはっきりしたものはないのですが、お父さまは何かおっしゃっています

解説

①相談者からの質問

相談の最初は「質問」という形で始まることが多い。この時にやりがちな失敗はその質問に単純に答えてしまい、相手の思いがわからないまま面接が終わってしまうこと。相手からの質問時には、その思いや考えや相手の状況に思いをはせながら面接をすることが重要

②CMからの閉じられた質問

ここでは相手の質問に的確に答えるために、内容確認の質問を行っている。これにより、Aさんは自分の話を始めることができた。質問には単に答えを得るだけではなく、相手に話を戻す働きもある

01 インテークにおける面接援助技術の展開

	か?
Aさん	父は、毎日の介護が「しんどい」と話しています。自分の体がしんどい、あちこち痛いと話します。施設の話まではしていませんが、今後のことを考えると、難しくなるんじゃないかと思っています。父も85歳なので。
CM	お二人でお暮らしなんですね。
Aさん	二人でなんとかやってくれています。私の家にも年寄りがいますし、なかなか行けなくて。 父も高齢ですし、いつまで二人で暮らし続けられるのかと思っています。③
CM	ケアマネジャーさんはいらっしゃいますか? ④
Aさん	はい。△△事業所の人です。
CM	何かサービスを使っておられますか?
Aさん	デイサービスに週2回行っています。ときどきショートステイにも行きます。でも、行くのを嫌がっているみたいです。ヘルパーさんに来てもらったらいいと言っているのですが、母は、他人が家に入るのに抵抗があって、難しいのです。ご飯の支度とかも大変なようです。私が行ければいいのですが、仕事もあるので。
CM	ケアマネジャーさんには、お話しされましたか?
Aさん	はい。話したら、ショートステイを探してくれました。あと近くにある施設を教えてもらいましたが、まだ今すぐにとは思っていなくて、いつ頃まで、家でいけるのかと思って……。⑤
CM	Aさんが、家で無理かなと思われるのは、どんなことですか?
Aさん	父が倒れるようなことがあったら心配なんです。私が、ヘルパーを勧めても聞いてくれないので、困っています。
CM	お父さまは、今はまだ大丈夫と言われているんですね。
Aさん	電話で、愚痴は言っています。しんどいと。けどヘルパーはいややと。はっきりとは言いませんが、私に来てほしいんだと思います。娘と同居している友人の話をよくしていますから。私は仕事もありますし、呼ばれてすぐに行くということはほぼ無理です。
CM	Aさんは、これから先をどのように考えておられますか? ⑥

5

逐語で学ぶ面接援助技術

③語りの後の受け止め
状況を語った後に気持ちや思いが語られることも多いが、その思いを受け止めたことをこちらから応答したいところ。「お母さまがアルツハイマー型認知症で重度と言われたんですね」「今はよいけれど、いつまでやっていけるのかと心配されているんですね」といった応答もありえる

④CMの状況確認
ここからしばらくCMの状況確認、情報収集が続く。この情報収集は、「状況確認しようというCMの思いから、次の質問を行ってしまった。この場合、相手の思いを受け止めてから、「少し聞かせていただいてもよろしいですか」と伝え、状況確認に入ることもできる

⑤相談者の思いを受け止める
Aさんは「いつ頃まで家でいけるのかなと思って」ということを最初からずっと話しているので、ここを復唱や言い換え、要約などを使い、受け止めたい

⑥意向の確認
CMは「今後についての意向」を確認している。この未来についての質問は、ゴールを共有するためにとても重要な質問

Aさん	二人でやっていけるうちは、二人で頑張ってほしいと思っています。母が施設に入ることになったら、その時、父が一人になりますし、同居することもできないので。なるべく長く、二人でやっていける方法があるかと思って。
CM	なるべく、長く二人で元気に暮らしていただけるように、何か方法はないかと思って相談してくれたんですね。⑦
Aさん	そうです。薬のこととか、対応の仕方とか認知症のことや施設のことも教えてもらえるかと思って今日は来ました。
CM	認知症の薬のことや、対応の方法、施設のことについても、気になっておられることがあって、今日来られたんですね。もし、よろしかったら、後日、もう少し詳しくお話を聴かせていただくことはできますか。⑧
Aさん	はい。大丈夫です。では、〇日にお電話してもいいですか。
CM	はい。〇日ですね。お待ちしています。
Aさん	よろしくお願いします。

⑦意向確認・合意形成へ
CMはAさんの意向を言い換えて確認した。ここは二人で長くやっていける方法を探すのではなく、困っているAさんの思いに応えようとした。その結果、Aさんは「そうです」と答えられている。このプロセスにより、相手と合意形成ができた。ここが、このインテーク面接の最も重要な場面

⑧次回の面接へ
CMは、Aさんの今日ここに来るに至った思いをもう一度要約してから、面接の約束を提案している。次回の面接への提案には「困っておられるところから一緒に考えさせていただきたい」と援助者の姿勢を伝えておきたい

総括
インテーク面接のポイント

インテーク面接は、初めて相談者が相談に来る面接です。そのために、状況の共有や気持ちの受け止めなど多くの介入が必要になります。この場だけでは、解決に至る介入にそぐわないと判断した場合は、無理に情報収集などをせず、まずは相手の思いや状況を受け止める面接を行います。そして次の面接や訪問を設定するなど次回の面接につなげていきましょう。

この事例では、最終的にAさんの思いを受け止め、次回の面接につなげています。その前段でAさんの意向を確認したところ（傍注⑥）から、面接の流れがよくなりました。その後Aさんの思いを受け止めた場面（傍注⑦）が、この面接のポイントであり、このインテーク面接が成功していることを表す重要な場面でした。

この場面は、面接援助が相手の思いの受け止めから始まることを示しています。特にインテーク場面では初めて相談に来た相談者の思いを受け止めることを意識して行いましょう。

ここを意識してみよう

インテークでは、❶相談者の思いを受け止める、❷この機関で相談に乗るかどうかを判断する、❸次の方針を伝えていく（次回面接の約束など）ことを心がけましょう。

この事例の根っこは「いつまで両親が二人で暮らせるのか」というAさんの不安でした。面接の当初からAさんの質問や説明の中に不安が語られているのですが、なかなか応答されません。もう少し早くこの不安を感じ取った応答（レスポンス）がされていれば、「そうなんです、聴いてもらえてホッとしました」「相談してよかったです」と気持ちが落ち着いたことをAさんから聴かせていただけたかもしれません。

インテーク面接は、受理面接と言われます。相手の状況理解や次の方針立て、他機関への依頼の有無を判断するための的確な情報収集と同時に、相手の思いを受け止めた応答が求められるために、インテーク面接は難しいと言われています。

応答（レスポンス）とは、「気持ちに応じる」「質問内容に答える」の両面があって「応答」になります。まずは、相談者の思いを受け止めるために、「内容に答える」だけでなく「気持ちに応じる」ところを意識して応答（レスポンス）することから始めてみましょう。

02 アセスメントにおける面接援助技術の展開
―本人を全体的に理解できていますか―

ケース

援助者：ケアマネジャー（以下、CMとする）

相談者：長女（58歳）

利用者：Bさん（80歳、女性、要支援2）

　一人暮らし。リウマチのため手指など関節の変形が進行している。杖歩行。重度の難聴があるが、近隣在住の長女が訪問して支援している。

事例の概要

　地域包括支援センターからの担当依頼のケース。以前にCMが長女の義父の居宅介護支援を担当していたことから、長女が当支援センターでの担当を希望した。長女の主訴は、Bさんのリウマチの痛みが強くなりベッドからの立ち座りが大変になってきているため、手すりを使いたいこと。当支援センターにて居宅介護支援を担当することは長女には伝達済み。Bさん宅への初回訪問。

今回の訪問目的

❶Bさんの人となり、生活状況、希望や困りごとを確認すること。

❷長女からの主訴の状況の確認をすること。

❸アセスメント、課題分析を行い、今後の援助の方針をBさん、長女と共有したい。

面接の展開

CM　こんにちは。

長女　（長女が出迎えてくれる）こんにちは。今回はどうもすみません。入ってください。

CM　お邪魔いたします（Bさんの部屋へ）。

Bさん　<u>（Bさんはベッドに腰かけており、CMの顔を見て笑顔で会釈する）①</u>

CM　お邪魔いたします（笑顔で入室。Bさんと向かい合って座る）。Bさんですね。はじめまして。〇〇支援センターの△△と申します。よろしくお願いいたします。

Bさん　お願いします。

解説

①アイコンタクト：出会い

第1印象、関係づくりと互いの観察、本人はすでに聞いている様子

02 アセスメントにおける面接援助技術の展開

CM	だんだん暑くなってきましたね。体調はいかがですか? ②
Bさん	(ニコニコしてうなずくが、言葉が返ってこない)
長女	耳が悪いんで、聞こえてないかな (Bさんの耳元で大きな声で)。体調はどうですか? って。
Bさん	(うなずきながら) あー、体が痛くてね。こんなになってしまってね (リウマチで変形した手を見せてくれる)。③
CM	(難聴のため、大きめの声と、はっきりとした口の動きや表情でジャスチャーを入れながら話すようにする) 痛みがあるんですね。娘さんからも少しお聞きしています。痛みがあるのはお辛いですね。④
Bさん	(手をさすりながらうなずいている)
CM	(Bさんの表情を見て、こちらも辛そうな表情でうなずき返す) Bさん、私はケアマネジャーといって、ご高齢の方の相談を受けて、ご自宅での生活について一緒に考えたりしています。今日は娘さんから連絡をいただいて訪問させていただきました。⑤ (BさんがCMの訪問を了解していることは長女に事前に確認済み)
Bさん	(うなずきながら聞いている)
CM	今日はBさんのことを聴かせていただいて、どんなお手伝いがあればいいのかを一緒に考えたいと思っています。私が担当をさせていただきますがよろしいですか? ⑥
Bさん	そうですか。よろしくお願いします。
CM	こちらこそよろしくお願いします。Bさんのことを知りたいのでいろいろお聴きしますが、もし答えたくなかったら遠慮なくおっしゃってください。それと今日は1時間半くらいお時間をいただきます。途中で疲れたなと思ったらいつでもおっしゃってくださいね。⑦
Bさん	(うなずく)
CM	○○さん (長女) もお時間、大丈夫ですか? ⑧
長女	はい、大丈夫です。
CM	ありがとうございます。よろしくお願いします。では、早速なんですけど、Bさん、体の痛みが辛いっておっしゃってましたけど、もう少しお体のことを聴かせてくださいね。 (子どもの頃からの病歴を聴き取る。若い頃に薬の副作用で

5

逐語で学ぶ面接援助技術

②つかみおよびアセスメント開始
「暑さ」という気候からのつかみを行いつつ、アセスメントが始まる言葉
CMは一連のアセスメントをイメージして、「体調」から始めている

③本人からの訴え
体調から本人の身体の痛みという困りごとが出てきた。リウマチがあるため痛みの訴えがあることはCMも想定している

④痛みに伴う辛さ (感情) の受け止め
痛みとそれに伴う辛さを理解していることを伝えている

⑤CMの役割を本人に説明
本人にきちんとCMの役割を説明することは重要!

⑥本人にCM担当の了解を確認
本人の意思を重視し、確認していくことが本人主体のケアマネジメントのポイント

⑦場面設定:面接目的・時間を伝達
今からご一緒していくために重要な場面設定。本人への配慮も感じられる場面

⑧家族にも時間的配慮

難聴になり、リウマチは5年前に診断を受けた。杖歩行が楽にできていたが、2〜3か月前から痛みが増強している。通院は月1回長女の車で送迎してもらっており、今のところ不便はない）

CM　先生は痛みについて何かおっしゃっていますか? ⑨

長女　昨日の受診で痛みが楽になるからと薬が変更になったんです。副作用でふらつきが出る可能性があるから、しばらくは私が来て様子をみるつもりです。

CM　そうですか。お薬が効いて少し痛みが弱まるといいですね。その他のお薬はどうされていますか? ⑩
（服薬は1日4回。一包化したものを本人が管理し、封をハサミで切って服用。飲み忘れもないことをBさんと長女から聴き取る）
Bさん、先生は何か生活でしたほうがいいことをおっしゃっていますか? ⑪

Bさん　そうやね。膝は動かしなさいって。

CM　どんなふうに? ⑪

Bさん　こんな感じで(膝下を上げ下げする動作をする)。でもやってないね。

CM　うん、うん。先生は動かしたほうがいいっておっしゃるんだけど。それは痛いからされてないのですか? ⑪

Bさん　……これはそんなに痛くはないんだけど。前はちょっとやってたけど。

長女　なかなか続かないんですよ。

CM　そうなんですね。やったほうがいいとは思っておられるけれど、お一人で続けるのができない。わかりました。⑫ ありがとうございます。

CM　では耳のことですが、どの程度聞こえますか? ⑬

長女　左は聞こえてないですね。右はまだましかな。耳鳴りがいつもあるみたいです。

CM　そうなんですね。Bさん、耳鳴りはどんな感じ?

Bさん　いつも鳴ってる。ジージーと鳴ってる。

長女　聞こえてないのに適当にうんうんと返事することも多いんですよ。

CM　そうなんですね。先ほどからの私の話しは、口の動きを読ん

---

⑨医師からの「痛み」の説明を確認
CMの開かれた質問により、痛みの情報から薬変更・家族支援の状況を話された

⑩その他のお薬の確認
前段の話の受け止め：この場合は本人の痛みへのねぎらいから、その他の薬情報確認へ

⑪情報収集、統合、分析の場面❶
ここから医師の指示を具体的に確認し、本人が医師の指示を実行していない理由を分析し理解する

⑫動かさない理由
その理由を一人で続けられないためと確認、表情や態度からも了解した様子

⑬情報収集、統合、分析の場面❷
以降は難聴に伴うコミュニケーションの問題の有無を確認していく

02 アセスメントにおける面接援助技術の展開

でくださってるのかな。お話が伝わらないと感じることはありますか？ ⑭

長女 難しいことはこれを使ったりします（小さいホワイトボードを取り出してくる）。それから私とは携帯で。電話は聞こえませんから、メールでやり取りしてます。⑮

CM あら、Bさん、メールされるんですか。すごいですね。うまく使えていますか？

Bさん （ニコニコと携帯を持って）娘とはこれ。便利。

CM そうですか。便利な世の中になりましたね。メールは用事がある時にされるんですか？

長女 そうですね、何かあった時だけです。2日に1回は私が家に見に来てますから。

CM （うなずく）補聴器は使われますか？

長女 前につくったんですけど今は使ってません。

CM そうなんですね。使わなくなったのはどうしてですか？

長女 他の音も入るから、本人が嫌がって。

CM （うなずく）Bさん、補聴器は使いにくい？

Bさん うん、そうやね。なくてもいい。

CM こうやって大きな声で話すと少し聞こえるし、ホワイトボードとメールを使って、Bさんの言いたいことは伝えられてますか？ ⑯

Bさん （うなずく）
（時々ホワイトボードを使ってコミュニケーションを取る。文字の読み取りは素早く問題ない。適切な答えが返ってくる）⑰
（これまでの生活について聴き取る。BさんはZ県生まれで、家族は両親と兄妹が5人。20歳で結婚し子ども2人をもうけた。夫が37歳で亡くなった後は姑の協力を得て、調理や清掃の仕事をしながら子どもを育てた。40年前に現在の住まいに移り、子どもたちが結婚して家を出た後は独居）

CM それじゃあ、Bさん、次は1日をどんなふうに過ごされてるのか教えていただけますか？　何時頃に起きますか？ ⑱

Bさん 起きるのは8時半頃かな。一人だから遅いよ。

CM そうなんですね。起きてからはどうされるんですか？ ⑲

⑭**本人のコミュニケーションの取り方を確認**

⑮**具体的な情報**
ホワイトボード、携帯メールなど。本人のメールを使えるなど、本人の能力も確認できる

⑯**本人に直接確認**
本人には伝えることができている実感がある

⑰**観察からもコミュニケーションが課題ではないことを理解**
実際のやりとりからコミュニケーションの課題は大きな問題になっていないことがわかる

⑱**1日の生活の確認**
生活を確認するとADL・IADL・食事内容などの詳細を自然に聴くことができる。確認しアセスメントシートおよび第3表にも記載し、週間スケジュールとも整合させる

5　逐語で学ぶ面接援助技術

Bさん	どうするかな?
CM	まずトイレに行かれるのかな?
Bさん	そうやね。それから顔洗ったり、ご飯の準備をして。
CM	朝ごはんですね。
Bさん	朝ごはんを食べて、薬を飲んで。
CM	昼ごはんは?
Bさん	12時くらいかなあ。
CM	それで、夕ご飯が……。
Bさん	だいたい6時頃。それから7時頃に片づけして。湿布を8時頃に貼る。膝とかあちこち痛いところにね。時間がかかるのよ。⑳ そしてお薬を飲んで、寝るのは9時半頃。
CM	うん、うん。お昼間はどんなふうに過ごしておられます? ㉑
Bさん	何してるかなあ? 別に何も……。洗濯したり、ご飯の支度したりしてると時間が過ぎていく。
CM	家事もゆっくりとご自身でされているんですね。
長女	そうですね。時間がかかるけど。
CM	お食事はどうされているんですか?
長女	私がつくって持ってくることもありますけど、簡単なものは本人がつくってますね。
CM	Bさん、調理も後片づけもご自身でされるんですね。食事はいつもどんなものを召し上がってます? (Bさんから具体的に3食どのようなものを食べているのか、水分はどのコップで何を飲んでいるのかを聴き取る。食事内容はバランスが取れている。食材は長女が買い物に連れていき本人が買っている。身長と体重は若い頃からあまり変化がないことを確認する)
CM	お話が長くなってますけど、お疲れはないですか? ㉒
Bさん	大丈夫ですよ。
CM	そうですか。ありがとうございます。そしたらもう少し続けさせてもらいますね。 (この後、排泄の状況や頻度について聴き取る。昼はトイレに行き、夜はベッドサイドのポータブルトイレを利用。ポータブルトイレの掃除は毎朝Bさんが行っており、今のところ困ってはいない。家事についても聴き取る。掃除機かけ、トイレと風呂掃除は長女が行うが、ベッド周りの片づけや洗濯

⑲起床時の確認
朝は活動の始まりでADL・IADLや本人の役割など多くの状況がわかる時間なので、丁寧に聴き取りたいところ

⑳具体的な情報
湿布を貼るのは本人にとって痛みの軽減からも大切な時間と理解

㉑日中の活動の確認
以下、日中の活動、家事等IADL面、食事、調理、片づけなどを確認していく

㉒本人の疲れへの配慮
アセスメント面接は長くなってしまうため、配慮が欠かせない

02 アセスメントにおける面接援助技術の展開

はBさんが時間をかけながら行っている。ゴミは長女が持ち帰っている)

CM	Bさん、家事は娘さんのお手伝いもありますけど、ご自身でほとんどやっておられるんですね。お体の痛みもあると思いますが、最近大変だなーって感じることはないですか? ㉓
Bさん	まあね。大変ですよ。時間もかかるし。でも自分でやってます。
CM	そうですか。大変だけど、自分でやらないといけないと思ってやっておられるんですね。㉔
Bさん	(うなずく)
CM	そうですか。では、お風呂はどうされていますか? ㉕
長女	今は1週間に1回くらい。私が来ている時にシャワーを浴びてもらいます。
CM	娘さんがお手伝いされているんですね。湯船に浸かるのは?
長女	できないですね。浴槽をまたぐのを怖がっています。今は暑いからシャワーで十分だし。
CM	そうなんですね。Bさん、今はシャワーだけですけど、湯船に浸かるのはどうですか?
Bさん	今はこれでいいですよ。
CM	今は暑いですもんね。でもしばらくして少し寒くなってきたら湯船に浸かりたいと思いますか?
Bさん	そうやね。できればね。でもまたいで入るのがね。㉖
CM	不安?
Bさん	(うなずく)
CM	そうですか。入りたい思いはあるけど、またぐのがちょっと怖いんですね。後でお風呂とトイレを見せていただければと思います。㉗
長女	はい、いいですよ。
CM	ありがとうございます。あとはですね、もしよろしければBさんの収入についても教えていただければと思ってるんです。㉘というのは、収入によって使える制度もありますので、その情報提供もさせていただきます。かまいませんか?
長女	そうなんですね。いいですよ。

(年金の種類や金額、出金以外はBさんが貴重品や金銭の管理をしていることを確認する)

㉓情報収集、統合、分析の場面❸
以下、本人の困りごとを確認していく。本人がわかりやすいようにと実感を込めて確認している

㉔困りごとから本人の思いの確認
大変だけど自分でやらないといけないと思っている本人の思いを理解する

㉕情報収集、統合、分析の場面❹
入浴状況を確認することで湯船に入らない理由を理解していく

㉖本人に直接確認
本人からまたいで入るのが不安だということを確認する

㉗入浴希望と障害状況を確認
本人の思いと障害状況の葛藤を整理している。具体的な援助の必要な箇所。環境の確認もしておきたい

㉘経済的情報の確認
経済面は確認しにくい情報だが、理由を伝えることで答えていただくことへの合意形成がとりやすくなる

5

逐語で学ぶ面接援助技術

205

CM	わかりました、ありがとうございます。利用できる制度があればお知らせしますね。Bさん、よかったら、歩いたりトイレでの立ち座りの様子を見せていただいてもかまいませんか? ㉙	㉙自宅での実際の動きの確認
Bさん	歩くの? いいですよ。 (ベッドとトイレでの立ち座り、歩行、浴室の環境の確認を行う。トイレの手すりにがたつきがあること、便座の高さがやや低いことを確認する。㉚その後、Bさんの部屋へ戻ってくる)	㉚環境場面を実際に確認
CM	いろいろお話いただいたり、お家の中での動きも見せていただいて、ありがとうございます。Bさんがどんなふうに生活されているのかわかってきました。これからもいろいろお話し聞かせてくださいね。㉛	㉛共有の場面 共有しわかってきたことを話し、今後も協力してもらえるよう伝えている
CM	それでですね、娘さんの一番の心配事は、痛みがあって動きにくくなっていることだとおっしゃっていましたね。㉜	㉜長女の要望との調整開始
長女	はい。手すりか何かあればいいのかと思って。	
CM	そうなんですね。Bさん、娘さんは立ったり歩いたりがしにくくなっていることを心配されてますが、Bさんはどうですか? ㉝	㉝本人にも動きにくさを確認
Bさん	そうやね。ここ2、3か月で痛みが強くなって、前よりしにくくなった。前はもうちょっと簡単にできた。	
CM	痛みが強くなって、生活で不便なことが増えておられるのですね。Bさんはリウマチの痛みが大変な中、これからどんなふうに生活していきたいですか? ㉞こうなったらいいなっていう希望みたいなものはありますか?	㉞痛みの強さや生活の不便から本人の希望を確認 本人の意向は状況から確認すると答えやすい。意向は状況で変わる。何度も折にふれて確認していく
Bさん	まあね。娘も来てくれるし助かるけど、自分のことは自分でやらないといけないなって思いますよ。	
CM	そうなんですね。今頑張ってされていることは続けながら、娘さんのお手伝いが多くならないようにして、お一人暮らしを続けたいと思っておられるんですね。㉟	㉟意向を確認:要約 CMが今までの面接で聞き取った本人の思いを要約する形で確認している
Bさん	そうやね。	
CM	娘さんはどうですか? お母さまにどのように過ごしてもらいたいですか? ㊱	㊱長女の意向の確認
長女	そうですね。体の痛みがちょっとでもましになって、このままの生活が続けられたらいいと思いますね。	

02 アセスメントにおける面接援助技術の展開

CM	（うなずく）Bさん、ご自宅での生活を続けていくためには先生がおっしゃっている運動も大切かなと私としては思います。㊲お体の状態に合わせて楽に動いたり運動する方法を知ったり、一人で運動をするのが難しければ誰かと一緒に行う方法もあります。そんな方法があるなら聞いてみたい、やってみたいと思いますか？
Bさん	（ためらいがちに）　うーん、思うけどね。
CM	思うけど……。㊳
長女	耳が聞こえないから、外に出ることが億劫なんだと思います。㊴
CM	（うなずく）　そうですね、いきなり知らない場所や多くの人の中に入るのには抵抗を感じられるかもしれませんね。そうであれば、自宅で援助を受けることができますよ。㊵
長女	家に来てもらってということですか？
CM	そうです。リハビリの資格を持つ専門職が自宅で動作を確認したり、運動を指導したり、環境を整えたりします。上手くいけば寒くなるまでにお風呂に浸かることができるかもしれません。Bさん、寒くなるまでにお風呂に浸かれるようになるということはどう思いますか？㊶
Bさん	家で？　そうやね。浸かれるようになったらいいねえ。㊷
長女	（Bさんに）家に来てもらって、運動の指導をしてもらったりできるんだって。それはいいと思うわ。
CM	Bさん、どう思います？
Bさん	そうやね。
CM	手すりだけではなくて、少し変えると動きやすくなる場所がありそうです。一度、リハビリと住宅環境の担当者とお話ししてみませんか？㊸
長女	それはお願いしたいです。
CM	Bさんはどうですか。㊹リハビリの人と住宅環境の専門の人と私で、もう一度ご自宅を訪問させていただいてもかまいませんか？　もちろん、するかどうかはそれから考えられてもいいですよ。
Bさん	はい、はい、かまいませんよ。
CM	わかりました。それじゃあ、また日にちと時間を連絡しますね。事業所ですけれど、どこかご希望はありますか？

㊲**CMから提案場面**
運動の実施に関して、私メッセージで伝えながら、具体的に提案している

㊳**復唱**
復唱することで、本人の思いの言語化を促す

㊴**長女の代弁**
支持的な家族関係がわかる場面

㊵**思いの受け止めと提案の具体化**
自宅での援助の提案

㊶**入浴の本人の希望とすり合わせ**
合意形成になれば次は目標設定になる場面

㊷**本人の希望の表出**

㊸**動きやすくなる可能性を提示**
まだ明確な合意がとれていないこともあり、その前段で担当者と話をすることを提案

㊹**本人の合意を確認**
検討の余地を伝えることで、意思変更も了解と伝える

5

逐語で学ぶ面接援助技術

長女	いえ、特にはないです。
CM	それではこちらでよいと思うところを調整させていただきますね。Bさん、今日は長い間、お話を聴かせていただいてありがとうございました。今日はこれで失礼させていただきますね。○○さん（長女）もありがとうございました。㊺
長女	いえ、こちらこそありがとうございました。
Bさん	気をつけて帰ってくださいね。
CM	ありがとうございます。

㊺面接最後の場面
これからの動きと話を聴かせていただいた感謝を伝える

総括
アセスメント面接のポイント

　アセスメント面接では、本人・家族の情報を収集しながら、その情報を統合・分析し、ニーズを見極め、解決の手だて等も面接の中で組み立てます。この事例の場合は、情報収集、統合、分析の場面❶〜❹から、医師の指示を行っていない理由は一人では続けられないためであること、難聴はあってもコミュニケーションには問題を感じていないこと、本人は自分のことは自分でしなければいけないと思っていること、入浴は浴槽をまたぐのが不安で湯船に入っていないこと、などが見えてきます。その上で、本人・家族との全体的な方向性の共有として、意向の確認を重ねながら、痛みがあっても動きやすくするために自宅訪問の援助や環境確認から手すり等の福祉用具導入を提案しています。この面接の流れを見ると、アセスメント面接のコツが見えてくるのがわかりますね。

ここを意識してみよう

　アセスメント面接は情報の収集・統合・分析・方向性の共有化の過程を経ながら進んでいきます。まず取り組みとして、以下を行ってみましょう。❶情報を丁寧に集めること：本人の置かれている状況が見えてきます。❷情報収集しながら状況をイメージすること：利用者の情報が事前にわかれば、関連した知識を確認しておきましょう。この事例ではリウマチという疾患がわかっていましたので、リウマチについての知識は確認しておくことが求められます。知識によって、相手の状況がより理解でき、その課題を解決できる援助を考えることができます。❸面接援助技術を使う：今日の面接目的や必要時間の了解、相手の発言の言い換えや要約、こちらからの提案の仕方、合意形成等を活用しましょう。

03 サービス担当者会議における面接援助技術の展開

―本人中心に合意形成できていますか―

ケース

援助者：ケアマネジャー（以下、CMとする）、デイサービスの相談員（以下、DSとする）

相談者：長女（54歳）

利用者：Cさん（78歳、男性、要介護Ⅰ）

　Cさんは78歳で一人暮らし。主な疾患はアルツハイマー型認知症および食道がん。

事例の概要

　CM、DS、Cさん、Cさんの長女の4名でのサービス担当者会議の場面。

　転倒をきっかけにここ半年間、閉じこもりになっていたが、主治医に勧められて1か月前から週2回のデイサービス利用を開始。すぐに馴染み、毎回の利用を楽しみにしているが、自宅では食事が進まないと長女から相談を受ける。デイサービスなら食事が進むのでは、というCMの判断のもと医師にも相談。利用回数増回を検討するためにサービス担当者会議を開催することになった。

今回の面接における目的

❶自宅およびデイサービスにおける食事の摂取状況を確認する。

❷食事に対する利用者自身の思いを確認する。

❸食事を摂ることを目的に利用回数を増やすことについて利用者、家族、サービス担当者間で合意形成を図る。

❹これ以上痩せない方法について検討する。CMからは高カロリードリンクを提案する予定。

面接の展開

CM こんにちは。ケアマネジャーの〇〇です。お邪魔いたします。

DS （長女に向かって）こんにちは。いつもありがとうございます。（前回は別のDSが出席のため）今日、初めてお会いしますよね。□□デイサービスの相談員をしています〇〇です。よろしくお願いします。（Cさんを見て）Cさん、こんにちは。

Cさん （DSを見て）ああ、いつもどうも。（満面の笑み）①

CM Cさん、実は（主治医の）先生が、Cさんがこれ以上痩せない

解説

①支援者との関係性の確認

サービス担当者会議は日頃援助しているスタッフも来る。この時のコミュニケーションにより日頃の関係性が見える。このような関係性も確認しておく

ように、もっと食事が摂れるようにデイサービスの回数を増やしてはどうか、と勧めてくださっているんです。なので、この日曜日からデイサービスの利用を追加することについて話し合いたくて、今日はこうやって集まらせていただきました。（長女に向かって）介護保険では、ご本人の状態や状況に変化があって、利用されるサービスの内容を変更する場合や、更新の時には必ず、このような話し合いの場を持つことになっていますので、よろしくお願いします。②
（介護保険サービスを利用してまだ1か月しか経過しておらず、制度やしくみについての理解が不十分であると判断し、丁寧に説明する）

長女 ああ、そうなんですね。わかりました。ご面倒おかけします。

CM いえいえ、とんでもありません。ですので、今日は、まずデイサービスでのご様子やご自宅でのお食事の状況をデイの方とも共有し確認して、その後で、Cさんのご意向を伺いながら、しっかり食べられる方法を一緒に考えていきたいと思います。③では、まずCさんに伺いますね。
（Cさんに向けて）先生はデイサービスにもっと通ったほうがいいとおっしゃっていますが、デイサービスはいかがですか。④

Cさん ああ、あそこはいいところです。あんなところがあるとは知らなかった。一人で家にいたらつまらないけど、みんなでワイワイできて楽しいよ。

CM Cさんにとって、楽しい場所なんですね。よかったです。この間は、デイサービスのことを「賑やかだった学生時代を思い出す、いいところを紹介してもらった」と言ってくださってましたものね。⑤

Cさん そうそう、学生時代は本当に楽しかった。毎日がね、生き生きしてて。それを思い出すんです。

CM そうなんですね。学生時代の生き生きした感じが思い出されるんですね。

Cさん （うなずいている）

CM （DSに向かって）デイサービスでのCさんの様子はいかがでしょうか。⑥

DS そうですね、他の利用者さんとよくお話されていて笑顔も多

---

②**サービス担当者会議の流れ：切り出し**
場面設定（今回の目的を説明）
体重減少対策のため食事摂取量の増加を目標にデイ利用増回を検討したい。ここでのポイントは、以下の3点
1.本人に今日の話し合いの目的を説明。本人にも説明を心がける
2.すでに医師との面談を経て、この会議を開催していることを伝える
3.会議の始まりにもう一度参加者全員を紹介しておく（参加者紹介）

③**場面設定（今から行う内容）：**
状況確認・本人の意向も確認した上で食事量増を考えたい。本人にわかる言葉を心がけるが理解はどうか表情やその後の返事等でも確認が必要。もう少し相手の様子を待つことも必要かもしれない。また、短いセンテンスのほうが理解しやすい可能性がある

④**状況確認❶：デイの様子**
本人の思いを確認：開かれた質問：デイについて自由に回答してもらうように心がけている

⑤**本人のデイへの思いを応答：**本人の気持ちを受け止めながら、今までに聴いている人生での本人の大切な思い出に応じている

⑥**デイの職員に利用状況確認**

03 サービス担当者会議における面接援助技術の展開

く見られます。⑦

CM	ああ、笑顔も多いんですね。
CM	（Cさんに向かって）よくお話もされているのですか。
Cさん	うん、誰とでも話するよ。偉そうにしている人もいないし、みんな気安く話してくれる。
CM	ああ、そうですか。来ている皆さんもよい方たちで、Cさん、居心地がいい感じなんですね。⑧
Cさん	そうそう。
CM	実はね、Cさん、Cさんが最近食が細くなっていて痩せてきているって長女さんから聞いているんです（長女さんからは、本人にこのように話を切り出すことについて事前に了解を得ている）。長女さんはとても心配していらっしゃいます。Cさんはデイサービスでは、しっかり食べておられるんですよね。⑨
Cさん	食べてるよ。あそこだったら、一人じゃないしね。ワイワイ言いながら食べられる。⑩
CM	なるほど、ワイワイ言っているとお食事が進むんですね。
Cさん	進むよ。
CM	（DSに向かって）実際のお食事量はどうでしょうか。⑪
DS	そうですね。2割から5割でしょうか。
長女	え？ そんな程度ですか。デイでは食べているって聞いていたので、先生にもそう伝えたんですけど。
CM	デイサービスでは実際はあまりお食事が進んでおられないのですね。それは献立によるのでしょうか。
DS	うーん、どうでしょう。確かにカレーライスの日は完食されていますね。でも比較的食べやすいと思われる丼物の日も2割くらいと進みませんでしたね。
CM	そうだったんですね。（長女に向かって）では、おうちではどうですか？ ⑫
長女	もともとあんまり食べないんですけど、今月に入ってさらに食べなくなって。本人は食べてるって言うんですけど。一日何にも食べてない日もあるんです。お茶だけ飲んで。
CM	（驚いて）そうですか、お茶だけの日があるんですか。（Cさんに対して）Cさん、食欲がない時ってありますか。⑬
Cさん	そうやね、お腹が空かない時はあんまり食べないね。でも、

⑦デイでは笑顔も多いことを確認

⑧言い換えによる受け止め

⑨状況確認❷：デイでの食事状況
長女との打合せどおり、痩せていることを長女が心配していることを伝える。デイでの食事状況を確認する

⑩本人の発言
本人は「食べている」と一生懸命に話している

⑪実際の食事状況を確認

⑫状況確認❸：家での食事状況

⑬状況確認❹：本人の食欲
Cさんの食欲のなさを確認

5

逐語で学ぶ面接援助技術

211

	ちゃんと食べてるよ。⑭	⑭本人の発言
長女	（Cさんをちらっと見ながらCMに対して）いえ、食べてませんよ。⑮	本人はちゃんと食べていると言いたい気持ちがある
CM	なるほど、Cさんとしては、ちゃんと食べておられるんですよね。例えばどんなものを食べておられますか。⑯	⑮本人と長女で喧嘩になる様相
Cさん	冷蔵庫に入ってるおかずとか。	⑯状況確認❺：家での食事内容
CM	ああ、冷蔵庫におかずが入っているんですね。	
Cさん	そうそう、この子（長女を指さして）が買って来てくれるからね。卵焼きとか豆腐とか。	
長女	ええ？ 食べてないでしょ。全部残ってるもの（困惑した表情で）。これでいつも喧嘩になるんですよ。⑰	⑰事実は食べていないと長女
CM	（長女の言葉にうなずきながら）Cさんは、長女さんが買って来てくれたおかずをちゃんと食べておられるんですよね。でも、長女さんとしては、気になっておられるんですね。⑱（長女への聴き取りから1か月間で体重が2キロ減ったことがわかる。痩せてきたことはCさん自身も認識している）	⑱言い換え 言い換えにより、両方の言い分を確認するCMとしては、Cさんの言い分、長女の言い分のどちらをも否定しないで対応したい
長女	お父さん、このままだったらこの夏、越せるか心配だわ。⑲まあ、こんな状態だから、デイだったら、みんなにつられて食べると思うし、実際に食べられてるって聞いたので、それだったらデイに行く回数を増やしたらいいなと思って……。	⑲長女の思い 長女はデイの回数を増やすことを考えている
CM	長女さんはCさんが痩せてきておられることが心配なんですね⑳	⑳長女の本人への心配の受け止め
CM	（Cさんに向かって）Cさん、長女さんも心配しておられます。Cさんご自身では、どうしたらいいと思いますか。㉑	㉑本人の考えを確認 本人の考えを聞くことの重要性
Cさん	いやあ、わからないな。食べているのに痩せるんだから……。㉒	㉒本人の発言 本人は食べているのに痩せると言う
CM	本当に困りますよね。このままではよくないと思うので、少しでも痩せるっていう状況がよくなるように一緒に考えていきたいのですが、Cさん、かまいませんか。㉓	㉓問題検討の合意確認 痩せる状況から改善方向への検討を本人に了承してもらう
Cさん	そうだなあ。何かいい方法があるかな。	
CM	そうですね、例えば、先ほどCさんは、デイサービスではワイワイ言って食べられるから食が進む、とおっしゃっていましたね。おうちよりもデイサービスでのお食事が進むのなら、デイサービスへ行く回数を増やしてはどうかと思います。㉔今は週3回行っておられるので、来週からは週4回行くとい	㉔解決の提案❶ CMから今までの話を要約しながらデイ増回を提案

03 サービス担当者会議における面接援助技術の展開

Cさん	週4回? そんなに行かせてもらえるの? いいよ。あそこは楽しいからね。ここに書いておくね㉕（週4回行くことを忘れないように自分用のメモに記される）。	**㉕本人の発言** デイを増回するのは本人も了承
CM	お願いしますね。 幸い、Cさんはデイサービスに行くことを楽しみにされていますので、その楽しみを継続させながら、Cさんがより食べやすくなるような工夫をしていきたいと思います。 まず、おうちですが、嗜好や食べやすさも変わってきておられるかもしれないので、デイサービスで何か好んで食べておられるようなものがあれば、それを長女さんにお伝えして、おうちでも出していただくことができるのではと思いますがいかがでしょうか。㉖	**㉖解決の提案❷** デイからの食事伝達を提案 本人とのデイ増回の合意形成をもとにデイでの食事状況として本人の食事が進んだ時の内容の伝達を提案する
DS	そうですね。これから週4日来てくださるので、比較的お食事が進んだ献立は連絡帳でお知らせするようにします。㉗	**㉗デイからはデイででき ることを伝達** デイからはCMの提案に協力する形で、デイ回数増に伴い、食事を連絡帳で伝えることを提案する
長女	そうですね。私もいつも仕事帰りに買い物に行くので忙しくて買うものが決まってきているかもしれません。もう今は何が好きなのかもわかりません。㉘	**㉘長女の振り返り** 長女も買ってくるものが同じになっているかもと振り返る
CM	（長女にはデイサービスの献立を参考にして夕食を買って来てもらうことについて、Cさんに了承を得る。一方で食事が進まないことも考え、次の提案をする）薬局で買える高カロリードリンクを飲んでみてはいかがでしょうか㉙	**㉙解決の提案❸** 高カロリードリンクの提案
Cさん	どんなものかな。それを飲んでこれ以上痩せないんだったらありがたい。飲んでみようかな。	
CM	はい、一度飲んでみてください。そして感想を聞かせてください。㉚	**㉚解決の提案❹** CMから飲んでどうだったかのモニタリングを依頼
Cさん	わかりました（笑いながら）。効果が出たら万々歳です。㉛	**㉛本人からの了解**
CM	（DSに向かって）それから、デイサービスでは体重測定を定期的にされますよね。通常は1か月ごとでしょうか。㉜	**㉜状況確認：体重測定**
DS	そうですね、毎月測定しています。	
CM	そうですか。Cさんの場合は、もう少し短い間隔で体重の増減を知りたいので2週間ごとに測定していただくのはどうでしょうか。㉝	**㉝解決の提案❺** CMから２週間ごとの体重測定を提案
DS	わかりました。2週間ごとですね。	
CM	はい、連絡帳への記載はもちろんですが、こちらにも報告を	

5

逐語で学ぶ面接援助技術

213

	お願いできますか。私のほうから主治医の先生に報告したいと思いますので。㉞	㉞役割分担 報告を依頼。主治医にはCMから伝達する。今後の動きと役割が決まっていく
DS	わかりました。	
CM	（長女に向かって）これからデイサービスで2週間ごとに体重を測りますので、長女さんもデイサービスの連絡帳をチェックしてみてください。㉟	㉟解決の提案❻ 長女に連絡帳での体重確認を依頼
長女	わかりました。少しでも増えてくれるといいんですけどね。	
CM	本当ですね。（Cさんに向かって）Cさん、明日から週4日、デイサービスに行っていただこうと思っています。デイサービスでは2週間ごとに体重を測ってもらいますので、それで体重をチェックしていきましょう。㊱	㊱合意形成 Cさんに今までの流れを説明
Cさん	はあ、体重ですか。痩せてきたからなあ。	
CM	少しでも増えたら、お祝いしましょう。拍手で。㊲	㊲解決の提案❼：お祝い
Cさん	拍手か。握手のほうがいいな（笑う）。㊳	㊳本人からの提案 Cさんのユーモアを感じる瞬間
CM	握手しましょう。デイサービスの方とも握手をして喜び合いましょう。㊴	㊴本人の提案に乗り、共有
Cさん	それはいい（笑顔）。	
CM	Cさん、長女さんはCさんがこの夏を越せるか心配しておられます。しっかり食べて体力をつけて夏を越せるように、「食事が摂れて体重が3キロ増える」ことをこの半年くらいの目標とし、そのために、栄養補助食と普通の食事を食べることをこの3か月間の目標にしてはと思います。Cさん、この目標をどう思われますか。㊵	㊵具体的な計画❶ CMから具体的なゴール設定を提案
Cさん	はあ、目標ですか。	

CM	そう、目標です。目標があれば頑張れると思うんですね。	
Cさん	（これまでの話を一瞬忘れたような感じで）何を頑張ったらいいかな。㊶	㊶本人の発言 本人は何を頑張ったらいいのかとピンときていない様子
CM	Cさんが頑張ることはですね、Cさんは食べておられるけれど痩せてきておられるんですよね。だから、まずはこれ以上痩せないように、私から○○先生に相談しますね。それから、もしお食事が進まない時があったら、栄養のある飲み物があるので、それを長女さんに買って来てもらおうと思っています。一度飲んでみてくださいね。㊷	㊷具体的な計画❷ CMから、痩せないためにCさんにしていただくことを要約して説明
Cさん	それを飲んだら元気になりますかね。㊸	㊸本人の発言 本人は元気になりたい
CM	元気になるために始めてみましょう。これ以上痩せないようにしっかり食べて体力をつけましょうね。㊹	㊹合意形成 CMから元気になるために始めようと伝える
Cさん	わかりました。頑張ります。	
CM	（長女、DSに向かって）目標設定はこれでよろしいでしょうか。㊺	㊺参加者との目標設定の合意形成
長女	はい、これでお願いします。㊻	㊻長女からの了承
DS	はい、問題ないです。㊼	㊼DSからの了承
CM	ありがとうございます。私のほうでは、主治医の先生に相談して指示を仰ぐ、その内容によってはもしかしたら看護師さんに来てもらうことになるかもしれませんが、その時はまたこういった場で検討したいと思います。デイサービスは明日から日曜日を追加して週4日利用していただく。そしてデイでは2週間ごとに体重測定をしていただく、ご本人のお好きな献立、あるいは食べやすそうにされているものをご利用状況から調べてご家族に伝えていただく。長女さんにはそれを参考にしていただくのと、高カロリードリンクを試していただく。これらを1か月間続けてみて、様子をみたいと思います。いかがでしょうか。次回は1か月後にお会いできればと思います。㊽	㊽最終の要約と合意形成 CMから今日の決定を要約し合意形成。会議で決まったことを要約し、明日からすることを確認する。次回の会議も設定している
長女	はい、それでお願いします。㊾	㊾長女からの了承
DS	はい、大丈夫です。よろしくお願いします。㊿	㊿DSからの了承
CM	では、明日からよろしくお願いします。 （Cさんに）デイの回数が増えますね。それと栄養のある飲み物を飲んでみて、またどうだったか教えてくださいね。(51)	(51)本人への実施依頼 Cさんに明日からのことを再度伝え、始めてもらうよう依頼する
Cさん	味をみてみるよ。(52)	(52)本人の発言 本人も飲んでみると話す

CM	次回は1か月後にまたお伺いしますね。㊼	㊼次回モニタリングの訪問につなぐ
DS	また明日デイでお待ちしていますね。	
長女	今日はお忙しいのに、ありがとうございました。いろいろ手間かけてすみません。	
Cさん	皆さん、今日はありがとうございました。	
CM	こちらこそ今日はお時間をとっていただき、皆さん、ありがとうございました。	

総括
サービス担当者会議のポイント

　この事例では既にプランどおり援助が始まったものの、本人の食事量減により痩せてきたことへの援助を検討するという、問題解決型のサービス担当者会議です。共有型・問題解決型どちらであっても会議の進行の流れをCMがファシリテートしていきます。

　会議では、本人・家族の意向の確認、各々の情報共有、解決の意見交換、決定への合意形成という流れを構成します。その間にも本人・家族・参加者の意向や考えを質問を駆使し、復唱や言い換え、感情の受け止め、要約といった面接援助技術を活用しながら、受容的で話し合える雰囲気を醸し出していくことになるのです。

　本事例では痩せないための改善にCMが本人への意思確認を大切にしながらも、会議参加者の合意形成を行っています。このように参加者全員で参加協力しながら進められていくようにCMが動いていることが伝わってきます。

ここを意識してみよう

　会議を進めていく上で、以下の点を意識して行っていきましょう。❶事前に関係者の情報・状況を確認、❷会議の構成をイメージしておく、❸すべての発言を受け止める面接援助技術で進めていく、❹展開として、提案や最終の要約、次回の会議予定を伝える。

　また本事例では顔見知りのため紹介場面がないまま進みましたが、基本的に会議の際は参加者紹介をして、その日の議題を冒頭に伝える等メリハリをつけて進行すると会議が進めやすくなるでしょう。

04 モニタリングにおける 面接援助技術の展開
―本人・家族の思いに添うPDCAになっていますか―

ケース

援助者：ケアマネジャー（以下、CMとする）

相談者：妻（75歳）

利用者：Dさん（81歳、男性、要介護4）

　妻と二人暮らし。主な疾患はアルツハイマー型認知症と糖尿病。見当識障害のため生活全般での介護が必要で、会話が成立しにくい。また、歩行は自立だが、自宅から少し離れてしまうと自力では戻れず、そのたびに妻が探しに行くということが頻繁にある。

事例の概要

　Dさんの暴力がひどくなり、薬の調整と妻のレスパイト目的で入院。入院中より当支援センターのかかわりが開始となった。退院後しばらくは落ち着いていたが、少しずつ機嫌が悪いことが増え、昼夜逆転傾向で生活のリズムがとれないことが増えた。一人で外出して行方不明になることが多く、警察へ通報し発見されることがあったため、CMは事前の電話でGPSを靴に取りつけることを提案した。介護保険の利用サービスは認知症対応型デイサービス（週2回）のみであった。

今回の訪問の目的

❶居宅介護支援の開始後、2か月が経過。サービスの利用状況や生活状況の確認。

❷行方不明になりかねない徘徊の対策としてGPSの情報提供と利用を勧める。

❸妻に今後の援助を伝えてもなかなか伝わらない。CMとしてもう一度CMが理解しきれていない妻の思いを聴こうと決めて訪問した（大切な夫から暴力を受けてしまう妻の気持ち、大変な中で夫を介護し続ける妻の思いがどこから来るのか、など）。

その他

　プラン内容は、「薬をきちんと飲み、落ち着いて過ごせる時間が増える」「炭水化物の摂りすぎに注意し、体重を3キロ減らす」「1週間に1回は入浴でき、爪のケアができる」「Dさんが利用できる場所に関する情報を妻が得て検討できる」「日中を認知症対応型デイで過ごせるようになる」

面接の展開

CM	こんにちは。①
妻	こんにちは。
CM	(助手席のDさんの視界に入るように近づき、目線を合わせて 笑顔で) Dさん、こんにちは。今日は暑いですね。②
Dさん	……。(CMの顔を見ているが、表情は険しい) そんなこと……、ぐずぐず言っても……。
CM	そう、ぐずぐず言ってるの。③
Dさん	(不機嫌そうな口調で) そうや。
CM	(車から降りてきた妻に) 昨日は大変でしたね (昨日も行方不明になり警察に通報し発見されている)。あれからどうでしたか? ④
妻	あれからね、家から出たり入ったりしてたけど、1時頃に寝て、今朝、起きたのは8時頃。⑤
CM	夜はよく寝られたんですね。(Dさんへ手を差し出しながら) Dさん、家に入ってお茶でも飲みませんか? ⑥
Dさん	(CMの手はとらない。かみ合わない会話。表情硬く、車を降りようとする様子はない)
妻	(手招きしながら) お父さん、さぁ、こっちへ来て。
Dさん	(ぶつぶつと何かを言っているが、車から降りない) ⑦
CM	今すぐは降りられそうにないですね。少し待ちましょう。今日はね、昨日の電話でお話ししたGPSのことをお伝えするのと、デイサービスのことや最近のご様子もお聴きしたいんです。しばらく時間をいただいてもかまいませんか? ⑧
妻	いいですよ。
CM	ありがとうございます。昨日言ってたGPSですけどね、靴につけるタイプなんです。⑨ 今日は実物は間に合わなかったから、パンフレットだけ持って来ました。明後日なら持ってこられるそうです。
妻	あー、靴につけるタイプね。デイサービスでつけてる人がいるね。あれね、どうかなと思う。⑩ボコッと甲についてて。気になって外すかもしれない。こっち(左)についてて、こっち(右)についてない。どうか

解説

①挨拶
※CMの訪問に合わせてDさんと妻が車で自宅に帰宅した場面

②つかみと本人の状況確認

③復唱
機嫌の悪さの確認と同時に「そうや」と同調できる言葉を引き出している

④昨日の状況確認
昨日は行方不明になっていた

⑤睡眠状況の確認
7時間ぐらいは寝ている

⑥CMからの提案
本人に自宅に入るように促す

⑦本人の様子
※本人が車から降りないので、CMと妻はその場で話を始める

⑧合意形成
今日の訪問目的を伝え合意形成を得る

⑨話していたGPSについて
GPSについて情報を伝える

218

04 モニタリングにおける面接援助技術の展開

5

逐語で学ぶ面接援助技術

な？ってね。

CM もしかしたらDさんが気になって履かなかったり、引っ張って取っちゃうかもって思っておられるんですね。⑪

妻 （うなずく）

CM どうしましょうか？⑫

妻 でも試してみないとわからないもんね。あたしがダメかと思ってるだけで。⑬ 本人が履いてくれたら、それで万々歳だけど。

CM GPSはつけられたらよいとは思っておられますか？⑭

妻 そうね。いる場所がわかると助かるけど……。

CM つけられたらよいとは思うけど、でも、奥さまとしては今は、ちょっとつけるのはダメかもと思うほうが強いんですね。⑮

妻 うん、ちょっと無理っていう気持ちが強い。なんでもくっついてるものは外そうとするから。

CM そうなんですね。使うかどうかはゆっくり考えられたらいいと思いますよ。⑯一度靴につけてもらって、つけた感じを見てから考えましょうか？

妻 そうやね。⑰

CM じゃあ、明後日持って来てもらいましょう。⑱

妻 （Dさんに再度声をかけるが、車から降りない）

CM デイサービスはどうですか？⑲ お休みなく利用ができているようですね。お風呂も奥さまが手伝いながら入れていると聞いてます。（妻は毎回利用中にDさんの様子を見に行っている）

妻 今日はね、デイサービスの人と私の3人がかりでお風呂に入れたの。⑳ お風呂は午前中で、着いた人から順番に入るんだって。今日は何回か声をかけても主人が入らなかったみたい。私がお昼に様子を見に行った時もまだ入ってなかったけど、もう一度だけ声をかけてみましょうってデイサービスの人が言ってくれて、3人で声をかけてなんとか入れた。⑳

CM お風呂へお誘いした時のDさんはどんなご様子でしたか？㉑

妻 なかなか立ってくれなかったり怒ったり、お風呂まで連れていくのが大変。㉒私が声をかけて、デイの人が手を持って、一緒にお風呂に行ったんだけどね。大きなお風呂は前に入ろうとして上手くいかなかったから、今は家のお風呂みたいな

⑩**外さないか心配する妻**
左右の靴にGPSがつかないことを気にしている

⑪**妻の思いを言い換えで受け止め**

⑫**妻の考えを確認**

⑬**妻の思い**
まずは試すと妻

⑭**GPS導入の意思確認**

⑮**代弁**
つけてもダメではないかという妻の思いを代弁しての確認

⑯**合意形成**
ゆっくり考えればいいことを伝え、試してみることから始める方向を確認

⑰**妻の了承**

⑱**明後日持参する方向で確認**

⑲**デイサービス利用状況のモニタリング**

⑳**入浴状況の確認**
入浴は3人で何とか入れている

㉑**入浴時の本人の様子を確認**

㉒**入浴状況の確認**
入浴の大変さがある。大きなお風呂はうまくいかないので小さなお風呂にしてもらっている

219

小さなお風呂にしてもらってる。

CM	小さなお風呂のほうが入りやすいんですね。<u>服を脱ぐ時はどうですか?</u> ㉓

㉓脱衣状況の確認

妻	お風呂まで行けば、服を脱ぐのをすごく嫌がることは少ないかな。㉔ お風呂には気持ちよさそうに入ってましたよ。

㉔脱衣状況の確認
風呂場まで行けば脱衣できる。

CM	そうなんですね。何回か声をかけないといけないけど、お風呂を見ることができたら、これから何をするのかがDさんにはわかるのかもしれませんね。㉕だいたい利用日は毎回お風呂に入れている、爪切りもできたとデイサービスからも報告を受けています。

㉕CMからの意見
風呂場まで行けば本人が何をすればいいのかがわかるのかもしれない、とCMの意見を伝える

妻	うん。家でお風呂に入れるのは大変だから、助かってますよ。㉖

㉖妻の思い
妻は助かっていると実感

CM	そうですか。
妻	あのね、あそこ（自宅近く）の●●デイサービスはどう? ㉗

㉗妻から他のデイを相談

CM	あそこは認知症対応ではなくて、1日の利用人数も多いんです。
妻	あー、そう。知ってる人のご主人が行ってて、ものすごくいいって。
CM	教えてくださったんですね。でも、今のDさんの状況に合わせた対応は難しいと思います。もちろん気になるようなら、どの程度の対応が可能か話を聞くことはできますよ。

㉘妻の思い
他のデイの評判を聞き心が動くが、認知症対応でないとだめだからとあきらめる

妻	いやいや。まあ、認知症対応でないとだめだからね。㉘
妻	（しばらく間をおいて）おとなしかったらね、預けなくても、十分私一人でもみれる。だから暴れる時に預かってほしい。㉙そうでしょ?暴れる時とか、徘徊する時。普段のあんなおとなしくしている時は、傍にいてくれたら、わたし、ものすごく安心するし……。

㉙妻の気持ちの表出
暴れるなど妻が対処できない時に預かってほしい。本当は自分がみたい。妻は本人がいると安心する

CM	奥さまが安心できる。㉚

㉚復唱
そのままの気持ちを応答

妻	そう。傍にいてくれるほうが、ずっといい。おとなしい時は主人を連れていろいろ行けて。それが一番いい。
CM	落ち着いていれば、できるだけお二人で一緒に過ごしたいんですね。㉛

㉛感情の受け止め

妻	うん。おとなしくしてくれるんやったら、別に預けなくてもいいでしょ。㉜ 我慢してる日も結構あるよ。今日は預けたくないなって思う日もある。落ち着いてるし、今日は主人と二人であそこに行きたいなーって。一人じゃなくて、二人で

㉜妻の思い
妻の真意は預けたくない。二人でいたい

04 モニタリングにおける面接援助技術の展開

	行きたいなーって思うときもあるけど、それでもね……。
CM	それでも……。㉝
妻	行かせないとと思って（送迎の車に）乗せる時もある。
CM	（うなずく……沈黙）㉞
妻	我慢してね、㉟主人を送りだして、一人で用事に行くこともある。慣れるには積み重ねだから、行かせないとと思ってね。
CM	そう。行かせたくない気持ちと行かせないといけないっていう気持ちがあるんですね。㊱
妻	そうやね、しょうがないね。
CM	そんな思いで奥さまは送り出しておられるんですね。㊲
妻	（うなずく）
CM	奥さま、今すごく大変な思いでご主人のお世話をされていますよね。奥さまはご主人のことを大切にしたいのに、ご主人は奥さまに手をあげてしまったり。辛いですよね。どんな思いが奥さまを支えているんですか？㊳
妻	主人は私のことを叩いたりするけど、それは病気がさせていることだから……。㊴本人だってそんなことをしたいなんて思ってない。したくないのにしてしまう。それを見てるとかわいそうじゃない。かわいそう。
CM	病気のせいで今まででは考えられないことをしてしまうご主人がかわいそう、そんなご主人をみてあげるのは自分だと思っておられるんですね。ご主人はどんな方でしたか？㊵（妻は、結婚後にDさんが実家を金銭的支援をしていたこと、妻が親族との関係でうまくいかなかった時に、Dさんが妻の思いを嫌な顔一つせずにいつも聴いてくれたことなど、思い出を少し涙目になりながら話す）㊶
CM	そんなことがあったんですね。奥さま、辛かったですね。㊷
妻	いろいろあったよ。
CM	（うなずく）そうなんですね。いつも奥さまの味方になってくれる優しいご主人だったんですね。そんなご主人と一緒にやってこられたんですね㊸（具体的なエピソードを聴くことで、妻の「夫を大切にしたい、自分がみたい」という思いをこれまでより、深く理解できたようにCMは感じた）。
CM	奥さまはご主人にどんなふうに過ごしてもらいたいと思ってますか？㊹

㉝復唱
復唱により、妻の気持ちの表出を促す

㉞うなずき、沈黙で妻の辛さを共有

㉟妻の気持ちの表出
妻は、本人をデイに行かせないとと思い、一緒にいたい気持ちを我慢している

㊱妻の葛藤を言語化し受容

㊲共有
葛藤の中、送り出す妻の思いを理解し、共有している

㊳妻の気持ちを聴く
CMから妻に今後の援助を提案しても伝わらない。その妻の思いを受け取ろうとした質問。この質問はこの事例の家族理解・家族援助の中核になる質問である

㊴妻の思い
病気がさせている、したくないのにしている本人をかわいそうと思っていた

㊵受け止めと質問
まず、妻の気持ちを受け止める。その後に、本人はどんな人なのか妻からの見えようを聴く

㊶本人と妻の歴史
妻を支えてきた本人。妻の涙から気持ちも伝わってくる

㊷受け止め
妻の辛かった経験を理解する

㊸共有
妻の思いを共有することで、CMも深く妻の気持ちや行動が理解できる気がした

㊹その上で妻の意向を確認

5 逐語で学ぶ面接援助技術

妻　一日ね、じっと座って過ごすのはだめだと思う。体力があるからね。重いものでも運んでって頼んだらできる。前は箒を渡して掃いてって言ったら、してくれた。自分からはできないけど、お願いすればやってくれる。この人は人がたくさんいる所でいろいろできるのが楽しい人。体を動かしてほしい。デイサービスで一日座って過ごすんだったら、行かなくてもいいでしょ。

CM　ご主人にはまだまだできることがたくさんある、そのできる姿を奥さまは見たいんですね。それを見られることが奥さまにとっては嬉しいことなんですね。㊺

妻　嬉しいよ。

（実際にはできないことは多くなっている。日によっても差がある。しかし今の妻にそれを伝えてもおそらく響かない。Dさんができることを探しながら、その中でできなくなりつつあることを見たり対応方法を一緒に考えていくほうがいいのではないかとCMは考えた）㊻

CM　Dさんのできることやできる可能性を探せるといいですね。ただ、そのためにはDさんの状況に付き合いながら、かかわってもらう必要がありますよね。㊼何かをしてくださいと言うだけでは難しいですから。

妻　言うだけではできないね。

CM　そうですね。1対1でかかわってもらえる援助を考えると、私は以前にお伝えした○○デイサービスがいいように思うんですが、どうでしょう？㊽

（CMは以前にも○○デイサービスの情報提供をし、妻は見学をしている。その時は施設内が暗い、利用人数が少ない、という理由で利用にはつながらなかった）㊾

妻　あそこはちょっと人数（1日の利用者）が少ない。主人はたくさんの人の中でいるほうが落ち着くと思う。㊿

CM　そう感じておられるんですね。前もそうおっしゃっておられましたね。ただ、奥さまが考えておられることをするためには大人数では難しいと思うんです。奥さまが思っておられる大人数のところも探しながら、ご主人のできることを考えられるデイサービスも探すのはどうですか？(51)

妻　（考えている）

㊺言い換え・感情の受け止め
夫のできる姿を見たい妻を受け止める

㊻CMの判断
実際の状況を妻にわかってもらうよりも妻と一緒にできることを探しながら、一緒に考え、状況を受け止めていこうと判断した

㊼共有
妻とできることを探すこと、Dさんの状況に付き合ってかかわってもらう必要性を妻と共有する

㊽CMからの提案
妻に1対1でかかわってくれる○○デイを提案する

㊾以前の状況
以前は同意を得られなかった

㊿妻の思い
妻は人数の多いデイを希望

(51)CMからの提案
妻の思いを受け止めながらも、妻の希望に合う大人数は難しい。本人のできることを考えてくれるデイを再提案

CM　利用するしないは別として、奥さまが今おっしゃっていたことをデイサービスに伝えて、どんなふうにデイサービスは対応できるのかをもう一度確認することはできますよ。一緒に行って聞いてみませんか? (52)

(52)CMからの提案
まずは相談確認を聞いてみることから始めることを提案。

妻　うん……。そうやね。聞いてみてもいいかな。

CM　聞いてみましょうか。(53)

(53)もう一度確認
合意形成を丁寧にとる

妻　うん。

CM　わかりました。私からデイサービスに連絡してみます。それから日時を決めましょう。それでいいですか? もし気が変わったらいつでも連絡くださったらいいですよ。(54)

(54)CMからの提案
デイの連絡をCMが行う、いつでも変更できることも伝えておく

妻　（うなずく）

CM　ところで、この前の受診でお薬が増えましたね。どうですか? (55)

(55)増薬後の状況:モニタリング

妻　飲んでる。あれ、飲みだしてから徘徊が増えたように思うけど。でも暴力的なことは少なくなったと思う。(56) たまにイライラするけど、物を壊したり、私に手を上げたりするようなところまではいかない。

(56)薬の影響
徘徊は増えている気がするが、暴力は少なくなった

CM　そうですか。手を上げるようなことが少なくなっているのはよかったですね。お薬は嫌がらずに飲んでくれますか? (57)

(57)服薬状況の確認

妻　飲んでくれてますよ。なかなか飲んでくれない時もあるけど、飲み物に混ぜてみたり、少し時間を空けてみたりすると、だいたい飲めてます。(58)

(58)妻の発言
工夫して飲んでいることがわかる

CM　飲めるように工夫されていますね。寝る前のお薬も飲めていますか? 睡眠はどうでしょう? (59)

(59)就寝前の服薬と睡眠状況

妻　日によるけど、12時頃までに寝なかったら1錠飲むようにしてます。

CM　どの程度眠れますか? (60)

(60)睡眠時間確認

妻　だいたい1時か2時頃には寝てくれるかな。それで4時か5時頃に起きることが多い。(61) でも寝たと思っても1時間くらいしたらごそごそすることもありますよ。

(61)短い睡眠

CM　そうですか。あまり眠れないことがあるんですね。日中に落ち着いて過ごすためには、睡眠をしっかりとって生活のリズムができることも大切ですよね。この状態が続くなら、次回の受診の時に先生に相談してみましょう。その時は私も同席させていただいてもいいですか? (62)

(62)共有と提案
眠れないことから生活リズムの重要性を共有。そのため次回の受診同席も提案

妻	いいですよ。	

妻　いいですよ。

（この後、食事についての聴き取りを行う。具体的に今日の食事、水分摂取状況の聴き取りを行う。㊙水分は1ℓ程度は飲めているが、甘いものが多い。できるだけお茶や水で摂ることを勧め、できればもう少しだけ量を増やせるとよいのではと伝える）

㊙食事・水分状況：モニタリング

（妻とCMが話しているとDさんが和らいだ表情で車から降りてくる。3人で一緒に自宅に入る。妻がテーブルの上の食べ物を片づけ始め、Dさんが食べ過ぎることに気をつけている様子を見ることができた）㊄

㊄状況からの判断
妻はDさんの食べ過ぎに気をつけている

CM　Dさん、おかえりなさい。一緒に座りましょう（3人でテーブルを囲んで座る。しばらく3人で話す。Dさんとの会話はかみ合わないことも多いが、体格の話になると的を得た返答が返ってくることもある）。

CM　デイからの報告では、体重が入院した時に比べると少し減りましたね。今月が76.4キロ。1月に入院した時は78キロでした。㊕

㊕体重について：モニタリング

妻　みんなに「痩せたね」って言われる。

CM　そうですね。少し痩せましたね。〇〇先生（主治医）は何かおっしゃってますか？㊖

㊖痩せたことへの医師の意見確認

妻　血液検査（HbAlc）ね、退院後は数値が上がってたんだけど、ちょっと下がってる。㊗家で過ごしてからのほうが下がってる。

㊗数値が改善

CM　そうですか。奥さまが食事のことを考えてされている結果ですね。㊘

㊘妻の努力を評価

CM　それじゃあ、今後ですが、GPSのことは検討していきましょう。〇〇デイサービスの見学の日程調整は私が行います。来月のデイサービスは変わりなく週2回ご利用されるということでよろしいですか㊙（利用票を見せながら説明する）。

㊙今日の訪問の要約・まとめ・来月の計画説明

妻　それでいいです（利用票を渡し、確認印をもらう）。

CM　明後日なら福祉用具の事業所がGPSを持って来ることができますが、3時頃はどうですか？㊉

㊉GPSの持参調整

妻　3時？　それだったら大丈夫。

CM　私も一緒に伺います。実物を見てみましょう。

妻　主人がちゃんと履いてくれたらね。㊑

㊑妻の思い
夫が履くか心配

CM　そうですね、試してみましょう。では、また明後日。Dさん、今日はこれで帰ります。また来ますね（退室する）。

総括
モニタリング面接のポイント
　モニタリングは改善を検討する機会です。そのためにケアプランに沿って実施後の状況を確認し、PDCAをまわして改善を検討していきます。上記事例でのモニタリング項目もプランに沿ってデイの様子や服薬などの状況をモニタリングしています。そこでは面接援助技術として、質問を行い情報や感情等の受け止めを行いながら、面接のプロセスが進行していきます。
　また本事例ではCMの考えと妻の思いの溝を改善しようと、妻の思いを聴くことを訪問の目的に挙げていました。CMは計画後はモニタリング場面で本人・家族と会うことが多くなります。モニタリングの機会も本人・家族支援の機会になります。その結果、妻の思いを聴かせていただけた時、CMの見立てや方針もまた変化していきました。本人・家族支援のあり方は本人・家族の心に添っていく援助であることを教えられる事例です。

ここを意識してみよう
　モニタリングはプランがあっての面接です。プランに沿いながらその後プラン実施によって本人の状況は改善したのかどうかを見ていきます。その際の面接では❶プランに沿って状況を確認する、❷具体的に確認する、❸改善できる可能性を考えるという内容を実施しましょう。その際には閉じられた質問・開かれた質問、広げる質問・深める質問にチャレンジし、相手が答えてくれたなら必ずその思いを受け止めていきましょう（復唱・言い換え・要約等）。

参考文献

①デッソー著/上野久子訳『ケースワークスーパービジョン』ミネルヴァ書房、1970年

②C・R・ロジャース『人間尊重の心理学—わが人生と思想を語る』創元社、1984年

③C・R・ロジャース『人間の潜在力—個人尊重のアプローチ』創元社、1980年

④F・P・バイステック『ケースワークの原則（新訳版）—援助関係を形成する技法』誠信書房、1996年

⑤鷲田清一『「聴く」ことの力—臨床哲学試論』阪急コミュニケーションズ、1999年

⑥河合隼雄・鷲田清一『臨床とことば—心理学と哲学のあわいに探る臨床の知』阪急コミュニケーションズ、2003年

⑦V・E・フランクル『意味による癒し—ロゴセラピー入門』春秋社、2004年

⑧奥川幸子『身体知と言語—対人援助技術を鍛える』中央法規出版、2007年

⑨奥川幸子『未知との遭遇—癒しとしての面接』三輪書店、1997年

⑩渡部律子『「人間行動理解」で磨くケアマネジメント実践力』、2013年

⑪野村豊子『高齢者とのコミュニケーション—利用者とのかかわりを自らの力に変えていく』中央法規出版、2014年

⑫岩間伸之『支援困難事例へのアプローチ』メディカルレビュー社、2008年

⑬トム・キットウッド＆キャスリーン・ブレディン『認知症の介護のために知っておきたい大切なこと』筒井書房、2005年

⑭チャールズA.ラップ『精神障害者のためのケースマネジメント』金剛出版、1998年

⑮P.F.ドラッカー『非営利組織の経営』ダイヤモンド社、2007年

⑯エリザベス・キューブラー・ロス『ライフ・レッスン』角川文庫、2005年

⑰渡辺和子『「ひと」として大切なこと』PHP文庫、2005年

⑱鈴木秀子『死にゆく者からの言葉』文春文庫、1996年

著者紹介

髙落敬子
たかむら・けいこ

社会医療法人平和会
地域包括ケア推進事業部部長

社会福祉士・認定ケアマネジャー
主任介護支援専門員・認知症介護指導者

対人援助の奥深さを感じ、カウンセリング等対人援助技術を学び、様々な現場で支援を行ってきた。
病院の医療ソーシャルワーカー、老人保健施設での居宅介護支援事業所の開設、在宅サービスを含めた特別養護老人ホームの施設改革、訪問看護等の医療系在宅支援の統括管理などを経て、現在は奈良市認知症初期集中支援チームで多職種による支援にあたる。
これまで行ってきた講義や演習は、ケアマネジメント・ソーシャルワーク・認知症ケアなど多岐にわたり、本人本位の視点からぶれない日々の実践に裏づけられた、わかりやすい講義が特徴。
個人やグループでのスーパービジョンも行っている。また、経営大学院でMBAも取得しており、利用者支援だけでなく、経営や職員支援の視点など、引き出しの多さにも定評がある。
共著に『ケアマネジメントのエッセンス―利用者の思いが輝く援助技術』(中央法規出版)がある。

逐語録提供者

片山治子
かたやま・はるこ

洛和会医療介護サービスセンター
四条西洞院店

三原由紀
みはら・ゆき

社会医療法人平和会
地域包括ケア推進事業部

山本美貴
やまもと・みき

社会医療法人平和会
吉田病院在宅介護支援センター

だいじをギュッと！
ケアマネ実践力シリーズ

面接援助技術
対人援助の基本姿勢と18の技法

2017年12月20日　発行

著　者　髙落敬子

発行者　荘村明彦
発行所　中央法規出版株式会社
　　　　〒110-0016
　　　　東京都台東区台東3-29-1 中央法規ビル
　　　　営　業　TEL 03-3834-5817
　　　　　　　　FAX 03-3837-8037
　　　　書店窓口　TEL 03-3834-5815
　　　　　　　　FAX 03-3837-8035
　　　　編　集　TEL 03-3834-5812
　　　　　　　　FAX 03-3837-8032
　　　　　　　　https://www.chuohoki.co.jp/

装幀・本文デザイン　　　相馬敬徳（Rafters）
装幀・本文イラスト　　　三木謙次
本文イラスト　　　　　　藤田侑巳
DTP　株式会社ジャパンマテリアル
印刷・製本　新津印刷株式会社
ISBN 978-4-8058-5607-9

定価はカバーに表示してあります。落丁・乱丁本はお取り替えいたします。
本書のコピー、スキャン、デジタル化等の無断複製は、
著作権法上の例外を除き禁じられています。
また、本書を代行業者等の第三者に依頼してコピー、スキャン、
デジタル化することは、たとえ個人や家庭内での利用であっても
著作権法違反です。